ごはんに
かけておいしい。

材料2つで炒めもの

ワタナベマキ

はじめに

ごはん作りは日々のこと。
自分のために、家族のために、あれこれ試行錯誤しながら、
毎日メニューを考えて、買い物をして。
料理は好きだけれど、時間に追われていると、
どうしてもワンパターンになったり、同じ味つけになってしまったり。

私自身も、お腹をすかせた家族に早く食べさせたい！と、駆け足で料理を作ることがあります。
そんな時に作る料理として多いのが、やはり炒めもの。
さっと炒めるだけでも、大抵はおいしくできてしまう炒めものは、
忙しい時にはとてもありがたい料理です。
でも、炒めるだけの簡単さがゆえに、ワンパターンな食材の組み合わせや
味つけになってしまうのが、炒めものの難しいところです。

今回この本では、材料の組み合わせ、切り方、炒め方、味つけのしかたなどを工夫して、
材料2品でもぐっと満足できる炒めものを、たくさんご紹介しました。

あっという間にでき上がる、ごはんにかけるだけで満足できる炒めもの、
ごはんにかけるからおいしい炒めもの、材料2品でも十分メインになる炒めもの。

忙しい日々のごはんのレパートリーが、少しでも広がり、
たくさんの方がさまざまなシチュエーションの中で、
味も体も満足する炒めものを、この本から作っていただけましたら幸いです。

ワタナベ　マキ

もくじ

肉炒め

豚肉

7 豚バラとしいたけの高菜炒め／かぼちゃのすりごまみそ汁
8 豚バラと大根の甘辛炒め
9 豚バラと赤ピーマンの豆板醤炒め
10 豚バラとれんこんのゆずこしょうあんかけ
11 豚バラとメンマの八角炒め／セロリのナンプラーあえ
12 豚ロースと長ねぎのザーサイ炒め
13 豚ロースと長いもの青じそ炒め／トマトの粗びき唐辛子あえ
14 豚ロースとキャベツのマスタードクリーム炒め／グリーンリーフとアーモンドのサラダ
15 豚ロース厚切り肉とプチトマトのガーリック炒め
16 豚もも肉とれんこんの明太炒め／キャベツと大豆のマリネ
17 豚ヒレ肉とグリーンピースのチーズ炒め

鶏肉

19 鶏もも肉と長ねぎの実山椒炒め／しめじのバターみそ汁
20 鶏もも肉とトマトのバター炒め
21 鶏もも肉と紫玉ねぎのカレー炒め
22 鶏もも肉とししとうの豆豉(トウチ)炒め／もやしのしらすオイルがけ
23 鶏もも肉と豆腐の塩あんかけ
24 鶏もも肉ときゅうりのしば漬け炒め
25 砂肝とじゃがいものペッパー炒め／ゆでなすの黒酢あえ
26 鶏むね肉と玉ねぎのみそクリーム炒め／じゃがいもとクレソンのスープ
27 鶏むね肉と香菜(シャンツァイ)のガーリックチリ炒め／もやしのジンジャースープ
28 鶏むね肉とブロッコリーの黒酢炒め
29 鶏むね肉とアボカドのポン酢炒め
30 鶏むね肉とパプリカのスパイス炒め
31 ささみと卵の炒めカレー／マッシュルームとモッツァレラのサラダ
32 ささみと豆苗(トウミョウ)のナンプラーレモン炒め
33 ささみともやしのゆかりあんかけ／じゃがいもと青じそのサラダ
34 レバーとトマトのウスターソース炒め
35 レバーとアスパラの花椒(ホワジャオ)炒め

ひき肉

37 鶏ひきとスナップえんどうの梅炒め／アスパラと油揚げのみそ汁
38 鶏ひきとかぶの塩炒め
39 鶏ひきとなすのしょうが炒め
40 豚ひきとにらのテンメンジャン炒め
41 豚ひきとみつばの甘辛炒め
42 豚ひきと厚揚げの甘酢炒め／アボカドとたたききゅうりのレモンマリネ
43 豚ひきとモロッコいんげんのクミン炒め
44 豚ひきとまいたけの春雨炒め
45 合びきとマッシュルームのバターカレー炒め／かぶとモッツァレラのマリネ
46 合びきとピーマンのウスター炒め／はんぺんとねぎのすまし汁
47 牛ひきとじゃがいもの五香粉(ウーシャンフェン)炒め／青じそ入りかき玉スープ
48 牛ひきとキドニービーンズのタバスコレモン炒め
49 牛ひきと玉ねぎの粉山椒炒め

牛肉など

50 牛肉とたけのこの黒酢オイスター炒め／玉ねぎと山椒の白みそ汁
51 牛肉とにんじんのサワークリーム炒め／あさりとレモンのスープ
52 ベーコンと豆苗(トウミョウ)のこがししょうゆ炒め
53 ウインナとオクラのバジル炒め

魚炒め

魚

55 鮭とキャベツのオイスター辛み炒め ／ 大根と梅のスープ
56 鮭と玉ねぎの実山椒クリーム炒め
57 かじきとまいたけのガーリック炒め
58 ぶりとトマトのバルサミコ炒め ／ ミックスビーンズとかぶのマリネ
59 塩さばとパプリカのアラビアータ風
60 さわらと九条ねぎのナンプラーバター炒め
61 たらとじゃがいものパセリ炒め

シーフード など

62 えびとズッキーニのくるみ炒め ／ さつまいもとバジルのみそ汁
63 いかとセロリのナンプラー炒め ／ モロヘイヤのチキンスープ
64 たことかぶの塩昆布炒め
65 たこと枝豆のタバスコ炒め
66 ほたてと青梗菜（チンゲンサイ）の辛みそ炒め ／ 焼きしいたけのみそマヨあえ
67 あさりとプチトマトのポルトガル炒め風
68 しらすと卵の青のり炒め
69 じゃこと小松菜の焼きのり炒め

卵炒め

71 ふんわり卵とえび炒め ／ セロリとちくわの塩スープ
72 卵と豚バラの塩麹炒め
73 ゆで卵と玉ねぎのにんにくパセリ炒め

豆腐・油揚げ・厚揚げ炒め

75 高野豆腐と豚肉の梅あんかけ ／ なすの赤だし
76 豆腐とさば缶のチャンプルー
77 油揚げといぶりがっこのしょうゆ炒め
78 厚揚げと豚肉の甘酢炒め
79 厚揚げとオクラのしょうがみそ炒め ／ にんじんとしらすのレモンマリネ

缶詰・練りもの・乾物炒め

81 ツナとクレソンのレモンしょうゆ炒め ／ 豆腐のチキンレモンスープ
82 スパムととうもろこしのこしょう炒め
83 ほたて缶とかまぼこのゆずこしょうあんかけ
84 鮭フレークとちくわのわさび炒め ／ 長いもと青じそのナムル
85 ちくわとなすのテンメンジャン炒め
86 切り干し大根と豚肉の豆板醤炒め ／ ザーサイと小えびの豆乳スープ
87 ひじきとひき肉の練りごま炒め ／ キャベツととろろ昆布のみそ汁

【この本での約束ごと】

◎ 1カップは200㎖、1合は180㎖、大さじ1は15㎖、小さじ1は5㎖です。
◎ 「ひとつまみ」とは、親指、人さし指、中指の3本で軽くつまんだ量のことです。
◎ 黒こしょうは粗びき黒こしょう、オリーブ油はエキストラ・バージン・オリーブオイル、だし汁は昆布とかつお節でとったものを使っています。
◎ 電子レンジの加熱時間は、600Wのものを基準にしています。500Wの場合は、1.2倍の時間を目安にしてください。機種によっては多少差が出ることもあります。
◎ 材料2つの中には、にんにく、しょうが、長ねぎ、玉ねぎ、青じそなどの香味野菜、梅干しなどの漬けもの、春雨などの乾物、生クリームや牛乳、チーズは含みません。あらかじめご了承ください。

肉炒め

豚肉

薄切りの豚肉は火の通りが早く、炒めものに最適。バラ肉は脂をふきながら香ばしく焼きつつ、その脂を野菜に吸わせると、抜群においしくなります。ロース肉は適度に脂肪があっていちばん使いやすく、もも肉はややかたくなりやすいので、火を通しすぎないのがコツです。高菜漬けなどの漬けもの、七味や豆板醤の辛み…。合わせるものしだいで、味わい深く仕上がります。

かぼちゃのすりごまみそ汁

すりごまを最後に加えることで、
シンプルでも香りのいいみそ汁に。
さつまいもや里いもで作ってもおいしい。

豚バラとしいたけの高菜炒め

うまみが詰まった高菜漬けが、
味つけのいちばんのポイントです。
きのこは、しめじやエリンギでもよく合います。

材料（2人分）

豚バラ薄切り肉（5cm幅に切る）── 6枚（180g）
生しいたけ（放射状に6等分に切る）── 小6個
高菜漬け（粗く刻む）── 大さじ3（50g）
A ｜酒、みりん ── 各大さじ1
　｜しょうゆ ── 小さじ2
ごま油 ── 小さじ1

1、フライパンにごま油を熱し、豚肉を中火でこんがり炒め、出てきた脂はペーパーでふく。

2、しいたけ、高菜を加えてさっと炒め、Aを加えて汁けがなくなるまで炒める。

＊白いごはんにかける

豚バラ肉はしっかり脂が出るまで炒め、出てきた脂はキッチンペーパーでふきとる。余分な脂を除くことで、味がすっきりとまとまる。

材料（2人分）

かぼちゃ（皮をところどころむき、3cm角に切る）── 1/8個（150g）
だし汁 ── 2カップ
みそ ── 大さじ2
白すりごま ── 大さじ1

鍋にだし汁、かぼちゃを入れて中火にかけ、煮立ったら弱火で6分煮、みそを溶く。器に盛り、すりごまをふる。

豚バラと大根の甘辛炒め

大根は薄めに切ると、火の通りが早いし、味もぐっとしみます。甘辛い味つけに、ふわりと香る青じそで、あと味をさわやかに。青じそのかわりに、みつばや万能ねぎでもいいですね。

材料（2人分）

豚バラ薄切り肉（3cm幅に切る）…… 6枚（180g）
大根（3～4mm幅のいちょう切り）…… 8cm
A［ 酒、みりん …… 各大さじ1
しょうゆ …… 大さじ1
ごま油 …… 小さじ1
青じそ（ちぎる）…… 5枚
七味唐辛子 …… 少々

1、 フライパンにごま油を熱し、豚肉を中火でこんがり炒め、出てきた脂はペーパーでふく。

2、 大根を加えてさっと炒め、Aを加えて弱めの中火で汁けがなくなるまで炒め、しょうゆをからめる。器に盛って青じそをのせ、七味をふる。

＊発芽玄米入りごはん（米½合と発芽玄米½合を合わせて炊いたもの）にかける

豚バラと赤ピーマンの豆板醤炒め

甘めのオイスターソース味に、豆板醤をピリッときかせます。
赤ピーマンは、緑のピーマンやししとうにかえても。
オイスターソースがなければ、しょうゆとみりんで味つけしてもOKです。

材料（2人分）

豚バラ薄切り肉（1cm幅に切る）……6枚（180g）
赤ピーマン（縦半分に切り、
　横7～8mm幅に切る）……3個
にんにく（細切り）……1かけ
豆板醤……小さじ1
A［酒……大さじ1
　 オイスターソース……大さじ2
ごま油……小さじ1

1、 フライパンにごま油、にんにくを入れて中火にかけ、香りが出たら豚肉を加えてこんがり炒め、出てきた脂はペーパーでふく。

2、 豆板醤を加えてなじむまで炒め、赤ピーマン、Aを加えてさっと炒める。
＊白いごはんにかける

豚バラとれんこんの
ゆずこしょうあんかけ

れんこんはたたいて割ることで、味がからみやすくなります。
ゆずこしょう風味のあんが、ごはんにしみたところも絶品です。

材料（2人分）

豚バラ薄切り肉（5㎝幅に切る）…… 6枚（180g）
れんこん（皮をむいてビニール袋に入れ、すりこ木で大きめに割る）…… 1節（200g）
A［酒、みりん …… 各大さじ1
B［しょうゆ …… 大さじ1
　 ゆずこしょう …… 小さじ1
C［片栗粉 …… 小さじ2
　 水 …… 大さじ1
ごま油 …… 小さじ1
万能ねぎ（1㎝幅の斜め切り）…… 適量

1、 フライパンにごま油を熱し、豚肉を中火でこんがり炒め、出てきた脂はペーパーでふく。

2、 れんこんを加えてさっと炒め、A、水$\frac{1}{2}$カップを加えて煮立ったらアクをとり、ふたをして弱めの中火で3分蒸し焼きにする。

3、 Bをなじませ、混ぜたCでとろみをつけ、ごま油少々（分量外）をふる。器に盛り、万能ねぎを散らす。

＊黒米入りごはん（米1合に黒米大さじ2、水大さじ2を足して炊いたもの）にかける

豚バラとメンマの八角炒め

焼き肉用のバラ肉に、メンマのうまみを合わせて。
八角と好相性の黒酢を加えると、深みのある味に。

材料（2人分）

豚バラ肉（焼き肉用・1.5㎝幅に切る）…… 7〜8枚（200g）
味つきメンマ（びん詰）…… 約2/3びん（70g）
A［紹興酒（または酒）、黒酢 …… 各大さじ1
　八角 …… 1個
しょうゆ …… 小さじ2
ごま油 …… 小さじ1
香菜（シャンツァイ）（ざく切り）…… 適量

1、 フライパンにごま油を熱し、豚肉を中火でこんがり炒め、出てきた脂はペーパーでふく。

2、 メンマ、Aを加えてなじむまで炒め、しょうゆをからめる。器に盛り、香菜を添える。
＊発芽玄米入りごはん（米1/2合と発芽玄米1/2合を合わせて炊いたもの）にかける

セロリのナンプラーあえ

セロリは茎と葉の両方を使って、彩りよく。
オイルを使わないさっぱり味です。

材料（2人分）

セロリ（筋を除き、斜め薄切り）…… 1/3本
セロリの葉（細切り）…… 2枚
A［黒酢 …… 小さじ2
　ナンプラー …… 小さじ1/3

セロリ、セロリの葉は塩小さじ1/3（分量外）をふってもみ、しんなりしたら水けを絞る。Aを加えてあえる。

八角は中華料理に欠かせない星形の香辛料で、独特の甘い香りが特徴。肉や魚のくさみ消しにもなり、豚の角煮、ぶりの煮ものに加えても美味。

豚ロースと長ねぎのザーサイ炒め

ザーサイのうまみと塩けを、豚肉にからませながら炒めれば、味つけはぐっとシンプルでも格別なおいしさ。長ねぎは、香ばしく炒めて甘みを出して。玉ねぎでも美味です。

材料（2人分）

豚ロース薄切り肉（5㎝幅に切る）…… 6枚（180g）
味つきザーサイ（びん詰・粗く刻む）
…… 1/4びん（25g）
長ねぎ（1㎝幅の小口切り）…… 1/2本
しょうが（せん切り）…… 1かけ
酒 …… 大さじ2
塩 …… 小さじ1/3
ごま油 …… 大さじ1

1、 フライパンにごま油、しょうがを入れて中火にかけ、香りが出たら豚肉、長ねぎを加えてこんがり炒める。

2、 ザーサイ、酒を加えてなじむまで炒め、塩をふる。

＊白いごはんにかける

豚ロースと長いもの青じそ炒め

長いもは、皮ごと使うと香りよく仕上がります。
青じそは最後に加え、風味を立たせましょう。

材料（2人分）

豚ロース薄切り肉（3cm幅に切る）…… 6枚（180g）
長いも（たわしでよく洗い、皮ごと1cm幅の半月切り）
…… 10cm（200g）
青じそ（細切り）…… 5枚
しょうが（せん切り）…… 1かけ
A［酒 …… 大さじ2
　 塩 …… 小さじ2/3
ごま油 …… 大さじ1

1、 フライパンにごま油、しょうがを入れて中火にかけ、香りが出たら豚肉を加えてこんがり炒める。

2、 長いも、Aを加えてさっと炒め、青じそを加えてひと混ぜする。
*白いごはんにかける

トマトの粗びき唐辛子あえ

粗びき唐辛子のうまみがアクセント。
作りたてより、味がなじんだ頃が食べごろ。

材料（2人分）

トマト（2～3cm角に切る）…… 大1個
万能ねぎ（2cm幅の斜め切り）…… 3本
A［黒酢、しょうゆ …… 各小さじ2
　 粗びき粉唐辛子 …… 小さじ1
　 しょうが（すりおろす）…… 1かけ
ごま油 …… 小さじ2

ボウルにA、トマト、万能ねぎを入れてあえ、ごま油を加えてさっと混ぜる。

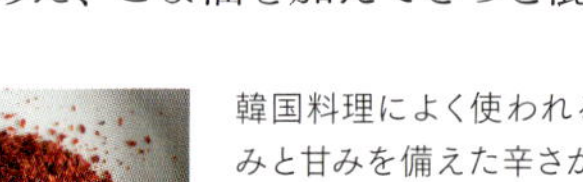
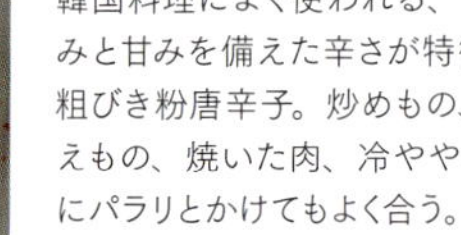

韓国料理によく使われる、うまみと甘みを備えた辛さが特徴の粗びき粉唐辛子。炒めもの、あえもの、焼いた肉、冷ややっこにパラリとかけてもよく合う。

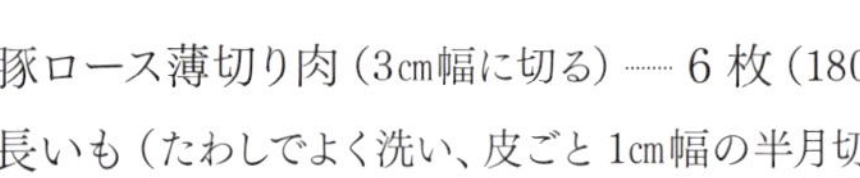

豚ロースとキャベツのマスタードクリーム炒め

キャベツはくたくたに火を通し、甘みをよく引き出して。生クリームと粒マスタードで、コクいっぱいに仕上げます。

材料（2人分）

豚ロース薄切り肉（5cm幅に切る）…… 6枚（180g）
キャベツ（細切り）…… 3枚
にんにく（つぶす）…… 1かけ
白ワイン …… 80mℓ
A ┌ 生クリーム …… 1/2カップ
　│ 粒マスタード …… 大さじ1
　│ しょうゆ …… 小さじ2
　└ 塩 …… 小さじ1/2
オリーブ油 …… 大さじ1
黒こしょう …… 少々

1、 フライパンにオリーブ油、にんにくを入れて中火にかけ、香りが出たら小麦粉大さじ2（分量外）をまぶした豚肉を加え、こんがり炒める。

2、 キャベツ、白ワインを加え、ふたをして弱めの中火で3分蒸し焼きにし、Aを加えてひと煮立ちさせる。器に盛り、黒こしょうをふる。
＊黒米入りごはん（米1合に黒米大さじ2、水大さじ2を足して炊いたもの）にかける

グリーンリーフとアーモンドのサラダ

アーモンドの香ばしさ、食感が楽しい。薄切りレモンも加え、あと味さっぱりと。

材料（2人分）

グリーンリーフ（ちぎる）…… 4枚
アーモンド（無塩でローストしたもの・粗く刻む）…… 10粒
レモン（ワックス不使用のもの）…… 薄い半月切り6枚
A ┌ レモン汁 …… 大さじ1
　│ オリーブ油 …… 小さじ2
　└ 塩 …… 小さじ1/4
黒こしょう …… 少々

ボウルにAを入れて混ぜ、グリーンリーフ、アーモンド、レモンを加えてあえる。器に盛り、黒こしょうをふる。

豚ロース厚切り肉とプチトマトのガーリック炒め

豚肉にはにんにくの香りを移し、こしょうをきかせてスパイシーに。プチトマトは好みの色を使って、ごくさっと炒めます。

材料（2人分）

豚ロース厚切り肉（2㎝幅に切る）……2枚（300g）
プチトマト（赤、黄、緑・縦半分に切る）
……合わせて15個
にんにく（薄切り）……1かけ
酒……大さじ2
塩……小さじ⅔
オリーブ油……大さじ1
黒こしょう……少々

1、フライパンにオリーブ油、にんにくを入れて中火にかけ、香りが出たら豚肉を加えてこんがり炒める。

2、酒を加え、ふたをして弱めの中火で5分蒸し焼きにし、プチトマトを加えてさっと炒め、塩をふる。器に盛り、黒こしょうをふる。
*白いごはんにかける

豚もも肉とれんこんの明太炒め

明太子は半生くらいにさっと炒め、余熱で火を入れます。
明太子の塩けしだいで、しょうゆは加減して。

材料（2人分）

豚もも薄切り肉（3cm幅に切る）…… 6枚（180g）
れんこん（皮をむき、3mm幅の半月切り）
…… 小1節（150g）
明太子（薄皮を除く）…… 1腹（2本・80g）
A［ 酒、みりん …… 各大さじ1
しょうゆ …… 小さじ1
ごま油 …… 大さじ1
万能ねぎ（小口切り）…… 適量

1、フライパンにごま油を熱し、豚肉を中火でこんがり炒める。

2、れんこん、Aを加え、ふたをして弱めの中火で3分蒸し焼きにし、明太子、しょうゆを加えてさっと炒める。器に盛り、万能ねぎを散らす。
*白いごはんにかける

キャベツと大豆のマリネ

キャベツは、味がなじむよう塩もみを。
キドニービーンズやひよこ豆で作っても。

材料（2人分）

キャベツ（せん切り）…… 3枚
蒸し大豆（ドライパック）…… 50g
白ワインビネガー（または酢）、
オリーブ油 …… 各大さじ1

キャベツは塩小さじ1/3（分量外）をふってもみ、しんなりしたら水けを絞る。大豆、白ワインビネガーを加えてあえ、オリーブ油を加えてさっと混ぜる。

豚ヒレ肉とグリーンピースのチーズ炒め

グリーンピースは豚肉と一緒に蒸し焼きにし、香りとうまみを移して。汁を多めに仕上げてごはんにかけ、チーズと一緒に食べると格別です。

材料（2人分）

豚ヒレかたまり肉（3㎝厚さに切り、
　手でたたいて少し薄くする）…… 200g
グリーンピース（さやから出して）…… ⅔カップ（80g）＊
パルメザンチーズ（すりおろす）…… 20g
にんにく（つぶす）…… 1かけ
白ワイン …… 80㎖
塩 …… 小さじ⅔
オリーブ油 …… 大さじ1
黒こしょう …… 適量
＊冷凍でもいい

1、 フライパンにオリーブ油、にんにくを入れて中火にかけ、香りが出たら豚肉を加えてこんがり炒める。

2、 白ワイン、グリーンピースを加え、ふたをして弱めの中火で6分蒸し焼きにし、塩をふる。器に盛り、黒こしょう（多めに）、チーズをふる。
＊白いごはんにかける

鶏肉

鶏肉は最初にこんがり焼いて焼き目をつけ、
うまみをとじ込めると、ぐっとおいしい炒めものになります。
淡泊なむね肉は、粉をまぶしてから炒めたり、
弱火で蒸し焼きにするなど、火加減にひと工夫するのが大切。
ささみ同様、一気に火を入れすぎるとパサつくので、
やさしく加熱するのがいちばんのポイントです。
和風からエスニックまで、ごはんに合うひと皿ばかりです。

鶏もも肉と長ねぎの実山椒炒め

実山椒の水煮は、山椒の実に塩少々を加えて水煮にしたもの。肉や魚のくさみ消しにもなり、炒めもの、煮もの、あえものに重宝する。

甘辛の味つけを、実山椒でピリッと引きしめるのがコツ。
おかかで香ばしさ、すだちでさわやかな酸味を添えます。

材料（2人分）

鶏もも肉（皮を除き、3㎝角に切る）── 1枚（250g）
長ねぎ（斜め薄切り）── $1/2$本
A［ 酒、みりん、実山椒の水煮 ── 各大さじ1
しょうゆ ── 大さじ1
ごま油 ── 大さじ1
削り節、すだち（くし形切り）── 各適量

1、 フライパンにごま油を熱し、鶏肉、長ねぎを中火でこんがり炒める。

2、 Aを加え、ふたをして弱めの中火で5分蒸し焼きにし、しょうゆをからめる。器に盛って削り節をふり、すだちを添える。
＊発芽玄米入りごはん（米$1/2$合と発芽玄米$1/2$合を合わせて炊いたもの）にかける

しめじのバターみそ汁

しめじはしっかり煮てうまみを移します。
最後にバターを加え、コクをプラスして。

材料（2人分）

しめじ（ほぐす）── 1パック（100g）
だし汁 ── 2カップ
みそ ── 大さじ2
バター ── 15g
白いりごま ── 適量

鍋にだし汁、しめじを入れて中火にかけ、煮立ったらアクをとって弱火で2分煮、みそを溶く。火を止めてバターを加え、器に盛っていりごまをふる。

鶏もも肉とトマトのバター炒め

トマトは大きめに切り、くずれて鶏肉にからむくらいまで炒めて、ジューシーなソースのようにするのがポイントです。バターじょうゆの香ばしさが広がる、ごはんがすすむひと皿です。

材料（2人分）

鶏もも肉（皮を除き、5㎝角に切る）…… 1枚（250g）
トマト（8等分のくし形切り）…… 2個
にんにく（つぶす）…… 1かけ
白ワイン …… 1/4カップ
A ［バター …… 20g
　しょうゆ …… 小さじ2
　塩 …… 小さじ1/3］
オリーブ油 …… 小さじ2
パセリ（みじん切り）…… 適量
黒こしょう …… 少々

1、 フライパンにオリーブ油、にんにくを入れて中火にかけ、香りが出たら鶏肉を加えてこんがり炒める。

2、 白ワインを加え、ふたをして弱めの中火で5分蒸し焼きにし、トマトを加えて少しくずれるまで炒め、Aをからめる。器に盛り、パセリ、黒こしょうをふる。

＊白いごはんにかける

鶏もも肉と紫玉ねぎのカレー炒め

カレー粉はにんにくと一緒に炒めて、香りをしっかり立たせます。甘みが強い紫玉ねぎがおすすめですが、普通の玉ねぎで作ったり、いんげんなどの緑の野菜を加えてもいいですね。

材料（2人分）

鶏もも肉（皮を除き、2㎝幅に切る）……1枚（250g）
紫玉ねぎ（薄切り）……$\frac{1}{2}$個
にんにく（薄切り）……1かけ
カレー粉……小さじ2
酒……大さじ2
A［バター……15g
　しょうゆ……大さじ1
　塩……少々
オリーブ油……大さじ1
黒こしょう……少々

1、 フライパンにオリーブ油、にんにく、カレー粉を入れて中火にかけ、香りが出たら鶏肉を加えてこんがり炒める。

2、 酒、紫玉ねぎを加え、ふたをして弱めの中火で5分蒸し焼きにし、Aをからめる。器に盛り、黒こしょうをふる。
＊白いごはんにかける

鶏もも肉としし とうの豆豉炒め

豆豉はまず油で炒め、うまみが溶け出したその油で肉を炒めます。ししとうは、手早く加熱して食感を残して。ピーマンで作っても。

材料（2人分）

鶏もも肉（皮を除き、3㎝角に切る）…… 1枚（250g）
ししとう（長さを半分に切る）…… 10本
にんにく（みじん切り）…… 1かけ
豆豉（トウチ）（粗く刻む）…… 大さじ1
A［紹興酒（または酒）…… 大さじ2
　黒酢 …… 大さじ1
　しょうゆ …… 小さじ1
ごま油 …… 大さじ1

1、 フライパンにごま油、にんにく、豆豉を入れて中火にかけ、香りが出たら鶏肉を加えてこんがり炒める。

2、 ししとうを加えてさっと炒め、Aを加えて煮立たせながらからめる。

＊玄米ごはんにかける

豆豉（トウチ）は、黒豆に塩を加えて発酵させた食品で、みそのようなうまみと塩けを持つのが特徴。炒めものに加えると、コクが出る。冷凍保存可。

もやしのしらすオイルがけ

もやしは生でシャキッと感を楽しんで。キャベツやレタスで作ってもおいしい。

材料（2人分）

もやし（ひげ根をとる）…… ½袋（100g）
しらす …… 大さじ3
A［黒酢、しょうゆ、ごま油
　…… 各大さじ1
白いりごま …… 適量

小鍋にA、しらすを入れて中火にかけ、ひと煮立ちさせる。熱いうちに器に盛ったもやしにかけ、いりごまをふる。

鶏もも肉と豆腐の塩あんかけ

しょうがをきかせたやさしい味わい。胃が疲れた時にもぜひ。
鶏肉を鶏ひき肉に、豆腐を厚揚げにしたり、
みつばを長ねぎ、せりにして作るのもおすすめです。

材料（2人分）

鶏もも肉（皮を除き、3㎝角に切る）……1枚（250g）
絹ごし豆腐……½丁（150g）
A［だし汁……80㎖
　酒……大さじ1
　しょうが（すりおろす）……1かけ
塩……小さじ½
B［片栗粉……小さじ2
　水……大さじ1
ごま油……小さじ2
みつば（ざく切り）……適量

1、 フライパンにごま油を熱し、鶏肉を中火でこんがり炒め、Aを加えて煮立ったらアクをとり、ふたをして弱火で5分蒸し焼きにする。

2、 豆腐を大きめのスプーンですくって加えて2分煮、塩を加え、混ぜたBでとろみをつけ、ごま油少々（分量外）をふる。器に盛り、みつばを添える。

＊雑穀入りごはん（白米1合に雑穀ミックス大さじ1、水大さじ1を足して炊いたもの）にかける

鶏もも肉ときゅうりのしば漬け炒め

調味料がわりのしば漬けの酸味、歯ごたえが味の決めて。しば漬けによって味が違うので、様子を見て塩は加減して。きゅうりは種を除き、水っぽくならないようにします。

材料（2人分）

鶏もも肉（皮を除き、1cm幅に切る）…… 1枚（250g）
きゅうり（縦半分に切って種を除き、
5mm幅の斜め切り）…… 1本
しば漬け（粗く刻む）…… 大さじ4（30g）
酒 …… 大さじ2
塩 …… 小さじ1/4
ごま油 …… 小さじ2
白いりごま …… 適量

1、フライパンにごま油を熱し、鶏肉を中火でこんがり炒め、酒を加えてふたをして弱めの中火で5分蒸し焼きにする。

2、しば漬け、塩を加えてさっと炒め、きゅうりを加えて中火でなじむまで炒める。器に盛り、いりごまをふる。

＊黒米入りごはん（米1合に黒米大さじ2、水大さじ2を足して炊いたもの）にかける

砂肝とじゃがいものペッパー炒め

砂肝は炒める前に下ゆでし、やわらかく。
ピリッとした黒粒こしょうがアクセントに。

材料（2人分）

砂肝（銀皮を除いたもの）…… 200g
じゃがいも（皮ごと3cm角に切り、水にさらす）
…… 2個（300g）
にんにく（みじん切り）…… 1かけ
酒 …… 大さじ2
A ナンプラー、黒粒こしょう（粗く刻む）
…… 各大さじ1
ごま油 …… 大さじ1

1、 砂肝は洗って血などの汚れ、脂を除き、半分に切る。酒大さじ1（分量外）を加えた熱湯に入れ、アクをとり、弱めの中火で10分ゆでてざるに上げる。

2、 フライパンにごま油、にんにくを入れて中火にかけ、香りが出たら**1**、じゃがいもを加えてこんがり炒める。

3、 酒を加え、ふたをして弱火で8分蒸し焼きにし、ふたをとって中火で汁けをとばし、Aを加えてさっと炒める。
＊玄米ごはんにかける

ゆでなすの黒酢あえ

なすは、ゆでたら水けをふいて。
黒酢のうまみとしょうがが相性抜群。

材料（2人分）

なす（皮をむき、水にさらす）
…… 3本
A 黒酢 …… 大さじ1
しょうゆ …… 小さじ2
しょうが（せん切り）…… 1かけ
万能ねぎ（小口切り）…… 2本
ごま油 …… 小さじ2

なすは酢小さじ2（分量外）を加えた熱湯で落としぶたをして5分ゆで、ざるに上げて粗熱がとれたら手でさき、水けをふく。ボウルにAとともに入れてあえ、ごま油を加えてさっと混ぜる。

砂肝は、酒大さじ1を加えた熱湯で10分ゆでてから使う。下ゆですることでくさみがとれ、やわらかくなる。

鶏むね肉と玉ねぎのみそクリーム炒め

鶏肉は粉をまぶすことで、うまみをとじ込め、とろみをつけます。
コクのあるみそクリーム味には、きのこやセロリを加えても。

材料（2人分）

鶏むね肉（皮を除き、2cm幅のそぎ切り）
　—— 1枚（250g）
玉ねぎ（薄切り）—— ½個
白ワイン —— 80mℓ
みそ —— 大さじ2
生クリーム —— ½カップ
オリーブ油 —— 大さじ1
パセリ（みじん切り）—— 適量
黒こしょう —— 少々

1、 フライパンにオリーブ油を熱し、小麦粉大さじ2（分量外）をまぶした鶏肉を中火でこんがり炒める。

2、 玉ねぎ、白ワインを加え、ふたをして弱火で7分蒸し焼きにし、みそを溶き、生クリームを加えてひと煮立ちさせる。器に盛り、パセリ、黒こしょうをふる。

＊白いごはんにかける

じゃがいもとクレソンのスープ

じゃがいもは、くずれるくらいに煮ます。
クレソンは苦くなるので、あとからのせて。

材料（2人分）

じゃがいも（皮をむき、2cm角に切る）
　—— 2個（300g）
クレソン（ざく切り）—— 1束
A ［ だし汁 —— 2¼カップ
　　白ワイン —— 大さじ1
塩 —— 小さじ⅓
オリーブ油 —— 少々

鍋にA、じゃがいもを入れて中火にかけ、煮立ったら弱火で10分煮、塩をふる。器に盛ってクレソンをのせ、オリーブ油を回しかける。

鶏むね肉と香菜（シャンツァイ）のガーリックチリ炒め

ピリッとスパイシーなチリパウダーは、好みで多めにしても。
香菜は香りのいい根も炒め合わせ、より味わい深く。

チリパウダーは、唐辛子にオレガノ、クミンなどを混ぜたミックススパイス。チリコンカンやタコスなどのメキシコ料理に欠かせない。

材料（2人分）

鶏むね肉（皮を除き、2㎝角に切る）…… 1枚（250g）
玉ねぎ（1.5㎝角に切る）…… 1/2個
にんにく（薄切り）…… 1かけ
A［酒 …… 大さじ2
　ナンプラー …… 大さじ1
　チリパウダー …… 小さじ1/2
レモン汁 …… 大さじ1
オリーブ油 …… 大さじ1
香菜（シャンツァイ）（根は洗ってみじん切り、葉はざく切り）…… 1株

1、 フライパンにオリーブ油、にんにく、香菜の根を入れて中火にかけ、香りが出たら鶏肉、玉ねぎを加えてこんがり炒める。

2、 Aを加えて煮立たせながらからめ、レモン汁を加える。器に盛って香菜をのせ、好みでレモン（分量外）を添える。

＊雑穀入りごはん（白米1合に雑穀ミックス大さじ1、水大さじ1を足して炊いたもの）にかける

もやしのジンジャースープ

すりおろしたしょうがの風味がたっぷり。
もやしはさっと加熱し、食感を生かします。

材料（2人分）

もやし（ひげ根をとる）…… 1/2袋（100g）
A［だし汁 …… 2カップ
　酒 …… 大さじ2
　しょうが（すりおろす）…… 1かけ
しょうゆ …… 小さじ2
塩 …… ひとつまみ
黒いりごま …… 適量

鍋にAを入れて中火にかけ、煮立ったらもやしを加えて30秒煮、しょうゆ、塩を加える。器に盛り、いりごまをふる。

鶏むね肉とブロッコリーの黒酢炒め

鶏肉は片栗粉をまぶすことで、とろりと味がからみやすくなります。
黒酢とナンプラーに紹興酒を加えた、やや甘めの味つけが美味です。

材料（2人分）

鶏むね肉（皮を除き、2cm幅のそぎ切り）
…… 1枚（250g）
ブロッコリー（小房に分け、縦4等分に切る）
…… 1/3株
しょうが（せん切り）…… 1かけ
A ［紹興酒（またはみりん）…… 大さじ2
　 黒酢 …… 大さじ1
ナンプラー …… 大さじ1
ごま油 …… 大さじ1
黒こしょう …… 少々

1、 フライパンにごま油、しょうがを入れて中火にかけ、香りが出たら片栗粉大さじ2（分量外）をまぶした鶏肉を加え、こんがり炒める。

2、 ブロッコリー、Aを加え、ふたをして弱火で5分蒸し焼きにし、ナンプラーをからめる。器に盛り、黒こしょうをふる。

＊雑穀入りごはん（白米1合に雑穀ミックス大さじ1、水大さじ1を足して炊いたもの）にかける

紹興酒は、もち米から作られる中国の代表的な醸造酒で、香りがよく、甘みが強い。炒めものに加えると、ぐっと中華っぽい味わいに。

蒸し米、米麹、地下水を発酵・熟成させて作られる黒酢。まろやかな酸味と甘さがあり、砂糖を加えなくても甘みが加わる。

鶏むね肉とアボカドのポン酢炒め

さっぱりとした鶏むね肉に、アボカドのコクを合わせました。アボカドはさっと炒め、形を残して食べごたえを出します。みつばは火を止めて加え、香りを生かして。かわりに青じそ、香菜(シャンツァイ)でも。

材料（2人分）

鶏むね肉（皮を除き、3cm角に切る）……1枚（250g）
アボカド（種と皮を除き、3cm角に切る）……1個
みつば（ざく切り）……½束
酒……大さじ1
ポン酢じょうゆ……大さじ2
ごま油……大さじ1
白いりごま……適量

1、 フライパンにごま油を熱し、鶏肉を中火でこんがり炒め、酒を加えてふたをして弱火で5分蒸し焼きにする。

2、 アボカド、ポン酢を加えて中火でさっと炒め、火を止めてみつばを混ぜる。器に盛り、いりごまをふる。

＊白いごはんにかける

鶏むね肉とパプリカのスパイス炒め

鶏むね肉はヨーグルトをもみ込み、やわらかくするのがコツです。
2 種のスパイスとにんにくで、スパイシーでエスニックな味わい。

材料（2 人分）

鶏むね肉（皮を除き、4 ～ 5㎝角に切る）
……1 枚（250g）

A
- プレーンヨーグルト……大さじ 2
- にんにく（すりおろす）……1 かけ

パプリカ（赤・縦 1㎝幅に切り、長さを半分に切る）……1 個

白ワイン……大さじ 2

B
- トマトケチャップ……大さじ 2
- しょうゆ……小さじ 2
- パプリカパウダー、コリアンダーパウダー……各小さじ½
- 塩……小さじ⅓

オリーブ油……大さじ 1

1、 鶏肉は A をもみ込み、オリーブ油を熱したフライパンの中火でこんがり炒める。

2、 パプリカ、白ワインを加え、ふたをして弱火で 5 分蒸し焼きにし、B を加えて中火でなじむまで炒める。器に盛り、パプリカパウダー少々（分量外）をふる。

＊パセリごはん（ごはん茶碗 3 杯分に、パセリのみじん切り大さじ 2、塩少々を混ぜたもの）にかける

パプリカパウダー（写真右）は色鮮やかで甘みが強く、香ばしく焼いた鶏肉やトマトなどと相性がいいスパイス。さわやかな香りのコリアンダーパウダー（左）は、使うとエスニック風味に。鶏肉やセロリと塩味で炒めても。

ささみと卵の炒めカレー

時間をかけずに手軽に作れる、
お気に入りの炒めカレーです。
ささみは加熱しすぎないようにして、
やわらかく仕上げましょう。

材料（2人分）

鶏ささみ（筋を除く）…… 4本（240g）
固ゆで卵 …… 2個＊
にんにく、しょうが（ともにすりおろす）…… 各1かけ
白ワイン …… 大さじ2
A　市販のカレールウ（粉状のもの）…… 大さじ2＊＊
　ウスターソース …… 大さじ1
　しょうゆ …… 小さじ2
オリーブ油 …… 大さじ1
香菜（シャンツァイ）（根は洗ってみじん切り、葉はざく切り）…… 適量
黒こしょう …… 少々

＊室温に戻した卵を熱湯に入れ、12分ゆでる
＊＊固形のルウなら刻む

1、 フライパンにオリーブ油、にんにく、しょうが、香菜の根を入れて中火にかけ、香りが出たらささみを加えてこんがり炒める。

2、 白ワイン、水80ml、ゆで卵を加え、煮立ったらアクをとり、ふたをして弱火で3分蒸し焼きにし、Aをなじませる。器に盛って香菜をのせ、黒こしょうをふる。
＊玄米ごはんにかける

マッシュルームとモッツァレラのサラダ

変色するので、食べる直前に作って。
チーズはカマンベールでも美味です。

材料（2人分）

ブラウンマッシュルーム（薄切り）
…… 6個
モッツァレラチーズ（ちぎる）
…… 1個（100g）
A　レモン汁 …… 大さじ1
　塩 …… 小さじ$\frac{1}{3}$
　オリーブ油 …… 大さじ2

器にマッシュルーム、チーズを盛り、Aを順にかける。

ささみと豆苗（トウミョウ）のナンプラーレモン炒め

ささみは片栗粉をまぶし、うまみを逃がさず、やわらかく炒めます。ナンプラーの塩けとコクに、レモンの酸味がさわやかなひと皿です。

材料（2人分）

鶏ささみ（筋を除き、ひと口大に切る）…… 4本（240g）
豆苗（トウミョウ）（根元を切り、2cm幅に切る）…… 1/2袋
A［しょうが（せん切り）…… 1かけ
　 赤唐辛子（種を除く）…… 1/2本
酒 …… 大さじ1
ナンプラー …… 大さじ1
レモン汁 …… 大さじ2
ごま油 …… 大さじ1
レモンの皮（ワックス不使用のもの・せん切り）…… 適量

1、 フライパンにごま油、Aを入れて中火にかけ、香りが出たら片栗粉大さじ2（分量外）をまぶしたささみを加え、こんがり炒める。

2、 酒を加え、ふたをして弱火で4分蒸し焼きにし、ナンプラー、レモン汁、豆苗を加えてさっと炒める。器に盛り、レモンの皮を散らす。

＊雑穀入りごはん（白米1合に雑穀ミックス大さじ1、水大さじ1を足して炊いたもの）にかける

ささみともやしのゆかりあんかけ

もやしはざく切りにして、あんとからみやすくします。
ゆかりは最後に加え、色と香りを立たせるのがポイント。

材料（2人分）

鶏ささみ（筋を除き、斜め4等分に切る）…… 4本（240g）
もやし（ひげ根をとり、ざく切り）…… 1/2袋（100g）
A［酒 …… 大さじ1
　しょうゆ …… 小さじ2
ゆかり …… 大さじ1
B［片栗粉 …… 小さじ2
　水 …… 大さじ1
ごま油 …… 小さじ2
白いりごま …… 適量

1、 フライパンにごま油を熱し、ささみを中火でこんがり炒め、もやし、A、水1/2カップを加えてひと煮立ちさせる。

2、 ゆかりを加え、混ぜたBでとろみをつけ、ごま油少々（分量外）をふる。器に盛り、いりごまをふる。

＊雑穀入りごはん（白米1合に雑穀ミックス大さじ1、水大さじ1を足して炊いたもの）にかける

じゃがいもと青じそのサラダ

じゃがいもはさっとゆで、食感を残して。
すだちはレモンにしてもさわやかです。

材料（2人分）

じゃがいも（皮をむいてせん切りにし、水にさらす）…… 2個（300g）
青じそ（ちぎる）…… 4枚
A［塩 …… 小さじ1/4
　すだちの絞り汁（またはレモン汁）…… 大さじ1 1/2
ごま油 …… 小さじ2

じゃがいもは酒大さじ1（分量外）を加えた熱湯で30秒ゆで、ざるに上げて水けをふく。Aを加えてあえ、青じそ、ごま油を加えてさっと混ぜる。

レバーとトマトのウスターソース炒め

レバーは牛乳につけてくさみを消し、食べやすくしてから炒めます。
トマトと赤ワインのうまみが凝縮した、こっくりとコクのある味わい。

材料（2人分）

- 鶏レバー（牛乳でもみ洗いし、ひと口大に切る）……250g
- 牛乳……1カップ

トマト（2㎝角に切る）……2個
にんにく（薄切り）……1かけ
赤ワイン……大さじ3

A
- ウスターソース……大さじ2
- しょうゆ……小さじ2
- 塩……小さじ$1/4$

オリーブ油……大さじ1
イタリアンパセリ（ざく切り）……適量
黒こしょう……少々

1、 フライパンにオリーブ油、にんにくを入れて中火にかけ、香りが出たらレバーを加えてこんがり炒める。

2、 トマト、赤ワインを加え、煮立ったらアクをとり、ふたをしてトマトをくずしながら中火で7分蒸し焼きにする。ふたをとって汁けをとばし、Aをからめ、器に盛ってイタリアンパセリ、黒こしょうをふる。
＊白いごはんにかける

レバーは血のかたまりなどの汚れ、余分な脂を除き、牛乳でもみ洗いしてくさみを消す。時間があれば30分ほどつけ、ペーパーでふいてから使う。

レバーとアスパラの花椒（ホワジャオ）炒め

濃厚なレバーに、花椒のピリッとした辛みでパンチをきかせて。アスパラはさっと炒めて、シャキッとした歯ごたえを残します。

花椒（ホワジャオ）は中国の山椒で、辛みと香りが強い。油と相性がいいので、豚バラ肉と炒めたり、レバーや魚のくさみ消しに使っても。

材料（2人分）

- 鶏レバー（牛乳でもみ洗いし、ひと口大に切る・右ページ参照）…… 250g
- 牛乳 …… 1カップ
- グリーンアスパラ（下のかたい皮をむき、2㎝幅に切る）…… 4本
- しょうが（せん切り）…… 1かけ
- 花椒（ホワジャオ）（ホール）…… 大さじ1
- A 紹興酒（または酒）…… 大さじ2
- A 黒酢 …… 小さじ2
- しょうゆ …… 大さじ1
- ごま油 …… 大さじ1

1、フライパンにごま油、しょうが、花椒を入れて中火にかけ、香りが出たらレバーを加えてこんがり炒める。

2、Aを加え、ふたをして弱めの中火で7分蒸し焼きにし、アスパラを加えてさっと炒め、しょうゆをからめる。

＊白いごはんにかける

ひき肉

切らずにそのまま炒められるひき肉は、
火の通りのよさも抜群、
最も手早く作れる炒めものです。
先に肉に調味料を加え、味をつけてから
野菜などを加えて炒め合わせるのがコツで、
こうすると肉は味わい深く、ジューシーに、
野菜はシャキッと仕上がります。
具材の大きさをひき肉に合わせて
細かめに切るのも大切で、口の中で調和し、
ぐんとおいしくいただけますよ。

鶏ひきとスナップえんどうの梅炒め

梅干しが調味料がわり。はちみつ梅を使うなら、しょうゆをふやして。スナップえんどうは縦に割り、食感と見た目を楽しみます。

材料（2人分）

鶏ひき肉 —— 150g
スナップえんどう（筋を除き、縦半分に割る）—— 10本
梅干し —— 2個
A［酒、みりん —— 各大さじ1
しょうゆ —— 小さじ1
ごま油 —— 大さじ1

1、フライパンにごま油を熱し、ひき肉を中火で炒め、色が変わってパラパラになったら、梅干しを種ごと加えてくずしながら炒める。

2、A、スナップえんどうを加え、ふたをして弱めの中火で2分蒸し焼きにし、しょうゆをからめる。

＊雑穀入りごはん（白米1合に雑穀ミックス大さじ1、水大さじ1を足して炊いたもの）にかける

アスパラと油揚げのみそ汁

アスパラは、薄切りにして火の通りをよく。三角形の油揚げで、食べごたえを出します。

材料（2人分）

グリーンアスパラ（下のかたい皮をむき、斜め薄切り）—— 2本
油揚げ（熱湯を回しかけ、三角形に切る）—— 1/2枚
だし汁 —— 2カップ
みそ —— 大さじ2

鍋にだし汁を入れて中火にかけ、煮立ったらアスパラ、油揚げを加え、再び煮立ったらみそを溶く。

鶏ひきとかぶの塩炒め

かぶは炒めすぎず、シャキッとした歯ごたえを残すのがコツ。最後に加えて透き通ればOK、炒めすぎると、水っぽくなります。塩とごま油のシンプルな味つけが、鶏ひきのうまみを引き立てます。

材料（2人分）

鶏ひき肉 …… 150g
かぶ（茎を1cm残し、皮ごと3mm幅の半月切り）…… 3個
かぶの葉（小口切り）…… 2個分
しょうが（せん切り）…… 1かけ
A ┌ 酒 …… 大さじ1
　 └ 塩 …… 小さじ½
ごま油 …… 大さじ1

1、 フライパンにごま油、しょうがを入れて中火にかけ、香りが出たらひき肉を加え、色が変わってパラパラになるまで炒める。

2、 Aを加えて汁けがなくなるまで炒め、かぶ、かぶの葉を加え、少し透き通るまで炒める。
＊黒米入りごはん（米1合に黒米大さじ2、水大さじ2を足して炊いたもの）にかける

鶏ひきとなすのしょうが炒め

なすはしっかり炒め、油を吸わせるのがおいしさのポイント。それから鶏ひきと合わせることで、ジューシーな味わいに。こってり味が好みなら、豚ひき肉で作るのもおすすめです。

材料（2人分）

鶏ひき肉……200g
なす（2cm角に切る）……2本
しょうが（すりおろす）……1かけ
A［酒、みりん、しょうゆ……各大さじ1
ごま油……大さじ1
香菜（シャンツァイ）（ざく切り）……適量

1、 フライパンにごま油、しょうがを入れて中火にかけ、香りが出たらなすを加えてしんなりするまで炒める。

2、 ひき肉を加え、色が変わってパラパラになるまで炒め、Aを加えて汁けがなくなるまで炒める。器に盛り、香菜を添える。

＊白いごはんにかける

豚ひきとにらのテンメンジャン炒め

パンチのあるにらを使い、テンメンジャンの甘みを合わせました。
にらはさっと炒めて香りを残し、短く切ってごはんと食べやすくします。

材料（2人分）

豚ひき肉 …… 150g
にら（2㎝幅に切る）…… 1/2束
にんにく（みじん切り）…… 1かけ
A［テンメンジャン、紹興酒（または酒）、しょうゆ …… 各大さじ1
ごま油 …… 大さじ1
粗びき粉唐辛子 …… 少々

1、 フライパンにごま油、にんにくを入れて中火にかけ、香りが出たらひき肉を加え、色が変わってパラパラになるまで炒める。

2、 混ぜたAを加えて汁けがなくなるまで炒め、にらを加えてさっと炒める。器に盛り、粗びき粉唐辛子をふる。

＊雑穀入りごはん（白米1合に雑穀ミックス大さじ1、水大さじ1を足して炊いたもの）にかける

テンメンジャンは中国の甘みそで、北京ダックやホイコーローに使われることでおなじみ。こっくりと甘いので、豆板醤と合わせて炒めものに使っても美味。

豚ひきとみつばの甘辛炒め

ひき肉は汁けがなくなるまで炒め、甘辛味をしっかりからませます。みつばは炒めずに、火を止めてから加えてさっと混ぜるだけにし、そのフレッシュな香りと歯ごたえを生かしましょう。

材料（2人分）

豚ひき肉 …… 150g
みつば（ざく切り）…… 1束
にんにく（みじん切り）…… 1かけ
A［ みりん、しょうゆ …… 各大さじ1
ごま油 …… 大さじ1

1、 フライパンにごま油、にんにくを入れて中火にかけ、香りが出たらひき肉を加え、色が変わってパラパラになるまで炒める。

2、 Aを加えて汁けがなくなるまで炒め、火を止めてみつばを混ぜる。

＊白いごはんにかける

豚ひきと厚揚げの甘酢炒め

厚揚げは、ひき肉とからみやすいように小さめに切って。
ケチャップ＋酢の甘酸っぱいたれに、豆板醤を足しても美味。

材料（2人分）

豚ひき肉 …… 150g
厚揚げ（1.5cm角に切る）…… 1枚（200g）
にんにく（みじん切り）…… 1かけ
A［ケチャップ、しょうゆ …… 各大さじ1
　酢、みりん …… 各小さじ2
　片栗粉 …… 小さじ1
塩 …… 少々
ごま油 …… 大さじ1
万能ねぎ（小口切り）…… 適量

1、 フライパンにごま油、にんにくを入れて中火にかけ、香りが出たらひき肉を加え、色が変わってパラパラになるまで炒める。

2、 厚揚げを加えてさっと炒め、混ぜたAを加えて煮立たせながらからめ、塩をふる。器に盛り、万能ねぎを散らす。
＊雑穀入りごはん（白米1合に雑穀ミックス大さじ1、水大さじ1を足して炊いたもの）にかける

アボカドとたたききゅうりのレモンマリネ

きゅうりは、たたいて味をからみやすく。
アボカドのコクにレモンがさわやかです。

材料（2人分）

アボカド（種と皮を除き、2cm幅に切って半分に切る）…… 1個
きゅうり（すりこ木でたたき、ひと口大に割る）…… 1本
A［レモン汁 …… 大さじ1
　塩 …… 小さじ$\frac{1}{4}$
オリーブ油 …… 大さじ1
黒こしょう …… 少々

ボウルにA、アボカド、きゅうりを入れてあえ、オリーブ油を加えてさっと混ぜる。器に盛り、黒こしょうをふる。

豚ひきとモロッコいんげんのクミン炒め

クミンの香りとナンプラーのうまみで、エスニック風の味わい。モロッコいんげんは短く切って食べやすく。さやいんげんでもOKです。

材料（2人分）

豚ひき肉 …… 150g
モロッコいんげん（1cm幅に切る）…… 8本
にんにく（みじん切り）…… 1かけ
クミンシード …… 大さじ1
A［ 酒、ナンプラー …… 各大さじ1
オリーブ油 …… 大さじ1

1、 フライパンにオリーブ油、にんにく、クミンを入れて中火にかけ、香りが出たらひき肉を加え、色が変わってパラパラになるまで炒める。

2、 モロッコいんげんを加えてさっと炒め、Aを加えて汁けがなくなるまで炒める。好みで目玉焼きをのせて食べてもいい。

＊黒米入りごはん（米1合に黒米大さじ2、水大さじ2を足して炊いたもの）にかける

インド料理などに使われるクミンシードは、油で炒めてから使うとより香りが立つ。豚肉や牛肉ともよく合い、加えるとたちまちエスニック料理に変身。

豚ひきとまいたけの春雨炒め

ひき肉のうまみと甘辛味を吸った、春雨が格別のおいしさ。まいたけは最後にさっと炒め、コリッとした食感を生かし、とろっとやわらかい春雨との対比を楽しみます。

材料（2人分）

豚ひき肉……150g
まいたけ（ほぐす）……1パック（100g）
春雨（乾燥・熱湯に10分つけて戻し、
　湯をきって食べやすく切る）……30g
しょうが（せん切り）……1かけ
A［酒、みりん、しょうゆ……各大さじ1
ごま油……大さじ1
黒いりごま……適量

1、 フライパンにごま油、しょうがを入れて中火にかけ、香りが出たらひき肉を加え、色が変わってパラパラになるまで炒める。

2、 春雨、Aを加えて汁けがなくなるまで炒め、まいたけを加えてさっと炒める。器に盛り、いりごまをふる。

＊白いごはんにかける

合びきとマッシュルームのバターカレー炒め

カレー粉は最初に炒めることで、しっかり香りを立たせて。仕上げに、バターのコクと風味をからめます。

材料（2人分）

合びき肉 …… 150g
ブラウンマッシュルーム（縦4等分に切る）…… 8個
しょうが（すりおろす）…… 1かけ
カレー粉 …… 小さじ1
白ワイン …… 大さじ2
A［塩 …… 小さじ1/2
　黒こしょう …… 少々
　バター …… 10g
オリーブ油 …… 大さじ1
パセリ（みじん切り）…… 適量

1、フライパンにオリーブ油、しょうが、カレー粉を入れて中火にかけ、香りが出たらひき肉を加え、色が変わってパラパラになるまで炒める。

2、マッシュルーム、白ワインを加えてさっと炒め、Aをからめる。器に盛り、パセリを散らす。
＊雑穀入りごはん（白米1合に雑穀ミックス大さじ1、水大さじ1を足して炊いたもの）にかける

かぶとモッツァレラのマリネ

チーズはちぎって、オイルとからみやすく。かぶとチーズの食感の違いを楽しんで。

材料（2人分）

かぶ（皮をむき、2㎝角に切る）…… 2個
かぶの葉（粗く刻む）…… 1個分
モッツァレラチーズ（ちぎる）…… 1個（100g）
A［レモン（ワックス不使用のもの）
　　…… 薄い半月切り4枚
　レモン汁 …… 大さじ1
オリーブ油 …… 大さじ2

かぶ、かぶの葉は塩小さじ1/4（分量外）をふってもみ、しんなりしたら水けを絞る。モッツァレラ、Aを加えてあえ、オリーブ油を加えてさっと混ぜ、器に盛って黒こしょう少々（分量外）をふる。

合びきとピーマンのウスター炒め

ウスターソースのうまみに赤ワインを加えて、奥深い味わいに。ピーマンは小さく切ってさっと炒め、風味と歯ごたえを残します。

材料（2人分）

合びき肉 …… 150g
ピーマン（1.5㎝角に切る）…… 2個
にんにく（つぶす）…… 1かけ
A［赤ワイン、ウスターソース …… 各大さじ2
しょうゆ …… 小さじ1
オリーブ油 …… 大さじ1
黒こしょう …… 少々

1、 フライパンにオリーブ油、にんにくを入れて中火にかけ、香りが出たらひき肉を加え、色が変わってパラパラになるまで炒める。

2、 Aを加えて汁けがなくなるまで炒め、ピーマン、しょうゆを加えてさっと炒める。器に盛り、黒こしょうをふる。
＊白いごはんにかける

はんぺんとねぎのすまし汁

はんぺんから出るだしが最高。
万能ねぎは長ねぎ、豆苗（トウミョウ）にかえても。

材料（2人分）

はんぺん（1.5㎝角に切る）…… 1枚
万能ねぎ（1.5㎝幅の小口切り）…… 3本
A［だし汁 …… 2カップ
　酒 …… 小さじ2
しょうゆ …… 小さじ1

鍋にA、はんぺんを入れて中火にかけ、煮立ったら火を止め、しょうゆ、万能ねぎを加える。

牛ひきとじゃがいもの五香粉（ウーシャンフェン）炒め

五香粉の香りが広がる、台湾風の味つけ。
じゃがいもは皮ごと炒め、うまみを引き出します。

材料（2人分）

牛ひき肉 …… 150g
じゃがいも（皮ごと2cm角に切り、水にさらす）
…… 2個（300g）
にんにく（みじん切り）…… 1かけ
紹興酒（または酒）…… 大さじ2
A ┌ 五香粉（ウーシャンフェン）…… 小さじ2/3
　└ 塩 …… 小さじ1/2
ごま油 …… 大さじ1
香菜（シャンツァイ）（ざく切り）…… 適量

1、 フライパンにごま油、にんにくを入れて中火にかけ、香りが出たらひき肉を加えてさっと炒める。

2、 じゃがいもを加えてさっと炒め、紹興酒を加えてふたをして弱火で8分蒸し焼きにし、Aを加えてさっと炒める。器に盛って香菜を添え、五香粉少々（分量外）をふる。
*黒米入りごはん（米1合に黒米大さじ2、水大さじ2を足して炊いたもの）にかける

青じそ入りかき玉スープ

青じそがふわりと香る、やさしい味です。
鶏ガラスープはだし汁にかえてもOK。

材料（2人分）

卵 …… 2個
青じそ（せん切り）…… 5枚
A ┌ 鶏ガラスープの素 …… 小さじ2
　│ 水 …… 2カップ
　└ 酒 …… 大さじ1
塩 …… 小さじ1/4

鍋にAを入れて中火にかけ、煮立ったら塩を加え、溶いた卵を細く回し入れ、ふんわり浮いたら火を止める。器に盛り、青じそをのせる。

五香粉（ウーシャンフェン）は八角、花椒（ホワジャオ）、シナモンなどを混ぜた中国のミックススパイス。肉や卵炒めにひとふりすると、一気に本格的な中国料理の味に。

牛ひきとキドニービーンズのタバスコレモン炒め

タバスコの辛みと酸味、レモンのさわやかな風味が味の主役。酸味や辛みが強いのが好きな方は、タバスコを多めにしても。ミックスビーンズを大豆、ひよこ豆にして作っても美味です。

材料（2人分）

牛ひき肉 …… 150g
キドニービーンズ（ゆでたもの）…… 1カップ（80g）
にんにく（みじん切り）…… 1かけ
A ｜酒 …… 大さじ2
　｜ナンプラー …… 小さじ2
タバスコ …… 小さじ2/3
レモン汁 …… 大さじ1
オリーブ油 …… 大さじ1
黒こしょう …… 少々

1、 フライパンにオリーブ油、にんにくを入れて中火にかけ、香りが出たらひき肉を加え、色が変わってパラパラになるまで炒める。

2、 キドニービーンズを加えてさっと炒め、Aを加えて汁けがなくなるまで炒め、タバスコ、レモン汁を加えてひと混ぜする。器に盛って黒こしょうをふり、好みでレモン（分量外）を添える。

＊白いごはんにかける

牛ひきと玉ねぎの粉山椒炒め

粉山椒がピリッと香る、山椒好きにはたまらない一品。
粉山椒は仕上げに加え、その風味を生かしましょう。
きのこを加えて作っても、さらに味わい深くなります。

材料（2人分）

牛ひき肉 …… 150g
玉ねぎ（薄切り）…… $\frac{1}{2}$個
A［ 酒、みりん、しょうゆ …… 各大さじ1
粉山椒 …… 小さじ$\frac{1}{4}$
ごま油 …… 大さじ1
すだち（横半分に切る）…… 適量

1、 フライパンにごま油を熱し、ひき肉を中火でさっと炒め、玉ねぎを加えて透き通るまで炒める。

2、 Aを加えて汁けがなくなるまで炒め、粉山椒をふる。器に盛ってすだちを添え、粉山椒少々（分量外）をふる。

＊雑穀入りごはん（白米1合に雑穀ミックス大さじ1、水大さじ1を足して炊いたもの）にかける

牛肉など

牛肉とたけのこの黒酢オイスター炒め

たけのこはこんがり焼き目をつけ、香ばしさを加えます。とろみがついたたれが牛肉にからみ、ごはんがすすむ一品です。

材料（2人分）

牛切り落とし肉 …… 200g
ゆでたけのこ（薄切り）…… 小1本（120g）
しょうが（せん切り）…… 1かけ
A［紹興酒（または酒）、黒酢、オイスターソース …… 各大さじ1
B［片栗粉 …… 小さじ2、水 …… 大さじ1
ごま油 …… 大さじ1
白いりごま …… 適量

1、フライパンにごま油、しょうがを入れて中火にかけ、香りが出たら牛肉を加えてさっと炒める。

2、たけのこを加えてこんがり炒め、Aを加えて煮立たせながらからめ、混ぜたBでとろみをつける。器に盛り、いりごまをふる。

*白いごはんにかける

玉ねぎと山椒の白みそ汁

玉ねぎは大きく切って、食感を出して。白みその甘さを山椒で引きしめます。

材料（2人分）

玉ねぎ（4等分のくし形切り）…… ½個
みつば（ざく切り）…… 4本
だし汁 …… 2カップ
A［白みそ …… 大さじ2、しょうゆ …… 小さじ1
粉山椒 …… 少々

鍋にだし汁、玉ねぎを入れて中火にかけ、煮立ったら弱火で3分煮、A（みそは溶いて）、みつばを加える。器に盛り、山椒をふる。

牛肉とにんじんのサワークリーム炒め

にんじんは白ワインで蒸し焼きにし、
甘みを出すのがポイント。サワークリームの
酸味とコクが、にんじんの甘さと合います。

材料（2人分）

牛切り落とし肉 ---- 200g
にんじん（長さを半分に切り、細切り）---- 小1本
にんにく（すりおろす）---- 1かけ
白ワイン、サワークリーム ---- 各大さじ2
ナンプラー ---- 大さじ1
オリーブ油 ---- 大さじ1
パセリ（みじん切り）、黒こしょう ---- 各適量

1、 フライパンにオリーブ油、にんにくを入れて中火にかけ、香りが出たら牛肉を加えてさっと炒め、にんじんを加えてしんなりするまで炒める。

2、 白ワインを加え、ふたをして弱火で5分蒸し焼きにし、サワークリームをなじませ、ナンプラーを加える。器に盛り、パセリ、黒こしょう（多めに）をふる。

＊黒米入りごはん（米1合に黒米大さじ2、水大さじ2を足して炊いたもの）にかける
＊残ったサワークリームは、にんにくのすりおろし、パセリのみじん切りと混ぜ、パンに塗って食べても

あさりとレモンのスープ

あさりのだし＋レモンの風味が新鮮。
最後にオイルをたらし、香りを添えます。

材料（2人分）

あさり（砂出ししたもの）
---- 小1パック（150g）
A［だし汁 ---- 2カップ
　 酒 ---- 大さじ1
B［レモン汁 ---- 大さじ1
　 塩 ---- 少々
レモン（ワックス不使用のもの）
---- 薄切り4枚
黒こしょう、オリーブ油
---- 各少々

鍋にAを入れて中火にかけ、煮立ったらあさりを加えてアクをとり、ふたをして弱火で3分煮、あさりの口が開いたらBを加える。器に盛ってレモンをのせ、黒こしょう、オリーブ油をかける。

ベーコンと豆苗（トウミョウ）のこがししょうゆ炒め

コクたっぷりのベーコンの脂を、こんがり炒めることで引き出し、その脂とうまみを豆苗にしっかり移すようにからめます。ベーコンは厚切りでボリュームを出して。小松菜や水菜で作っても。

材料（2人分）

ベーコン（ブロック・1.5㎝角に切る）…… 80g
豆苗（トウミョウ）（根元を切り、1.5㎝幅に切る）…… 1袋
A［ 酒、みりん、しょうゆ …… 各大さじ1
ごま油 …… 小さじ1
七味唐辛子 …… 少々

1、 フライパンにごま油を熱し、ベーコンを中火でこんがり炒める。

2、 Aを加えて汁けがなくなるまで炒め、豆苗を加えてさっと炒める。器に盛り、七味をふる。
＊雑穀入りごはん（白米1合に雑穀ミックス大さじ1、水大さじ1を足して炊いたもの）にかける

ウインナとオクラのバジル炒め

こんがり炒めたウインナと、さわやかなバジルの香りが好相性。バジルがなければ、ドライハーブやミックスハーブでもOKです。オクラはアスパラ、スナップえんどうで作ってもおいしい。

材料（2人分）

ウインナ（斜めに切り目を入れ、斜め3等分に切る）……8本
オクラ……8本
バジルの葉（ちぎる）……7枚*
A［酒……大さじ2
　 塩……小さじ$\frac{1}{3}$
ごま油……小さじ2
黒こしょう……少々
*ドライバジルやミックスハーブでもいい

1、 オクラはガクをくるりとむいて塩少々（分量外）をまぶし、まな板の上で転がしてうぶ毛をとり、水で洗って縦半分に切る。

2、 フライパンにごま油を熱し、ウインナを中火でこんがり炒め、**1**を加えてさっと炒め、Aをからめてバジルを混ぜる。器に盛り、黒こしょうをふる。
*白いごはんにかける

魚炒め

魚

魚はまず塩をまぶして10分おき、出てきた水分をふく。この下ごしらえで、ひと味もふた味もおいしくなります。炒めている間に身がポロポロとくずれやすいので、粉をまぶし、うまみをとじ込めるのも忘れずに。
先に油でこんがり焼き目がつくまで炒めることで、魚独特のくせを消し、香ばしさを加えます。
肉よりも比較的火が入りやすいものが多いので、調理時間が短くてすむのもうれしい点です。

鮭とキャベツのオイスター辛み炒め

コクのあるオイスターソース味に、豆板醤の辛みを加えます。キャベツはさっと炒めて。玉ねぎは長ねぎでも。

材料（2人分）

生鮭の切り身（塩少々をふって10分おき、水けをふいて4等分に切る）…… 大2枚（240g）
キャベツ（4cm角に切る）…… 4枚
玉ねぎ（1cm幅に切る）…… 1/2個
A［にんにく（薄切り）…… 1かけ
　豆板醤 …… 小さじ2/3
紹興酒（または酒）…… 大さじ2
B［オイスターソース …… 大さじ2
　しょうゆ …… 小さじ1
ごま油 …… 大さじ1

1、フライパンにごま油、Aを入れて中火にかけ、香りが出たら片栗粉大さじ2（分量外）をまぶした鮭を加えてこんがり炒め、玉ねぎを加えてさっと炒める。

2、紹興酒を加え、ふたをして弱火で5分蒸し焼きにし、キャベツを加えてさっと炒め、Bをからめる。

＊雑穀入りごはん（白米1合に雑穀ミックス大さじ1、水大さじ1を足して炊いたもの）にかける

鮭は全体に塩をふって10分おき、出てきた水けをキッチンペーパーでしっかりふく。これでくさみがとれ、魚のうまみが凝縮される。

大根と梅のスープ

梅干しは種ごと使うのがコツ。大根は厚く切り、食べごたえを。

材料（2人分）

大根（1cm幅のいちょう切り）…… 6cm
梅干し …… 2個
だし汁 …… 2カップ
白いりごま …… 適量

鍋にだし汁、大根、梅干し（くずして種ごと）を入れて中火にかけ、煮立ったら弱めの中火で10分煮る。器に盛り、いりごまをふる。

鮭と玉ねぎの実山椒クリーム炒め

牛乳にバターの香りとコクを溶かして、クリーミーな味わいに。
実山椒のピリッとした辛みが、バターの風味を引き立てます。

材料（2人分）

生鮭の切り身（塩少々をふって10分おき、水けをふいて4等分に切る）……大2枚（240g）
玉ねぎ（2㎝角に切る）……1個
にんにく（つぶす）……1かけ
実山椒の水煮（粗く刻む・19ページ参照）……大さじ1 ½
白ワイン……80mℓ
A［牛乳……120mℓ
　バター……10g
　ナンプラー（またはしょうゆ）……大さじ1
オリーブ油……大さじ1

1、 フライパンにオリーブ油、にんにくを入れて中火にかけ、香りが出たら小麦粉大さじ2（分量外）をまぶした鮭を加え、こんがり炒める。

2、 玉ねぎ、実山椒を加えて玉ねぎが透き通るまで炒め、白ワインを加え、ふたをして弱火で5分蒸し焼きにする。Aを加え、軽く煮立たせる。
＊玄米ごはんにかける

かじきとまいたけのガーリック炒め

にんにくはすりおろして炒め、香りを強く立たせるのがポイント。
魚は生鮭やぶりにかえて作ってもいいし、
きのこは、しめじやエリンギにしてもおいしいです。

材料（2人分）

かじきの切り身（塩少々をふって10分おき、水けをふいて3cm角に切る）…… 大2枚（300g）
まいたけ（ほぐす）…… 1パック（100g）
長ねぎ（斜め薄切り）…… 1/2本
にんにく（すりおろす）…… 1かけ
酒 …… 大さじ1
A［みりん …… 大さじ2
　しょうゆ …… 大さじ1
ごま油 …… 大さじ1
七味唐辛子 …… 少々

1、 フライパンにごま油、にんにくを入れて中火にかけ、香りが出たら片栗粉大さじ2（分量外）をまぶしたかじきを加え、こんがり炒める。

2、 まいたけ、長ねぎを加えて長ねぎが透き通るまで炒め、酒を加え、ふたをして弱火で5分蒸し焼きにする。Aを加えて煮立たせながらからめ、器に盛って七味をふる。

＊玄米ごはんにかける

ぶりとトマトのバルサミコ炒め

さばなど、くせの強い青魚で作るのがおすすめ。トマトは、プチトマト15個にしてもOKです。

材料（2人分）

ぶりの切り身（塩少々をふって10分おき、水けをふいて4等分に切る）……大2枚（300g）
ミディトマト（横半分に切る）……10個
にんにく（薄切り）……1かけ
白ワイン……80mℓ
A［バルサミコ酢……小さじ2
　しょうゆ……大さじ1
オリーブ油……大さじ1

1、 フライパンにオリーブ油、にんにくを入れて中火にかけ、香りが出たら小麦粉大さじ2（分量外）をまぶしたぶりを加え、こんがり炒める。

2、 トマトを加えてさっと炒め、白ワインを加えてふたをして弱火で6分蒸し焼きにし、Aを加えて煮立たせながらからめる。器に盛り、黒こしょう少々（分量外）をふる。

＊雑穀入りごはん（白米1合に雑穀ミックス大さじ1、水大さじ1を足して炊いたもの）にかける

ミックスビーンズとかぶのマリネ

かぶは塩もみし、味をしみやすくして。豆は、ひよこ豆やキドニービーンズでも。

材料（2人分）

ミックスビーンズ（ドライパック）……$3/4$カップ（120g）
かぶ（皮をむき、1.5cm角に切る）……2個
白ワインビネガー（またはレモン汁）、オリーブ油……各大さじ1
黒こしょう……少々

かぶは塩小さじ$1/3$（分量外）をふってもみ、しんなりしたら水けを絞る。ミックスビーンズ、白ワインビネガーを加えてあえ、オリーブ油を加えてさっと混ぜ、器に盛って黒こしょうをふる。

バルサミコ酢は、長期熟成させたぶどうで作るイタリアの酢。甘みとコクが強く、しょうゆやナンプラーと相性がいいので、合わせて使っても。

塩さばとパプリカのアラビアータ風

さばは皮目からしっかり焼きつけ、青魚のくさみを消すのが大切。パプリカは小さく切ってしんなり炒め、ソースのようにからめます。

材料（2人分）

塩さば（三枚おろし・2㎝幅に切る）…… 2枚（360g）
パプリカ（赤、黄・7～8㎜角に切る）…… 各1個
A［にんにく（薄切り）…… 1かけ
　 赤唐辛子（種を除き、半分に切る）…… $\frac{1}{2}$本
白ワイン …… 80㎖
B［塩 …… 小さじ$\frac{1}{2}$
　 しょうゆ …… 小さじ2
オリーブ油 …… 大さじ1
黒こしょう …… 少々

1、 フライパンにオリーブ油、Aを入れて中火にかけ、香りが出たら小麦粉大さじ2（分量外）をまぶしたさばを加えて皮目からこんがり炒め、出てきた脂はペーパーでふく。

2、 パプリカを加えてしんなりするまで炒め、白ワインを加えてふたをして弱火で6分蒸し焼きにし、Bをからめる。器に盛り、黒こしょうをふる。

＊パセリごはん（ごはん茶碗3杯分に、パセリのみじん切り大さじ2、塩少々を混ぜたもの）にかける

さわらと九条ねぎのナンプラーバター炒め

辛みの少ない九条ねぎは、ごくさっと炒めて香りを生かします。手に入らなければ、万能ねぎで作ってもOKです。さわらのほか、たらやすずきなどを使ってもいいですね。

材料（2人分）

さわらの切り身（塩小さじ1/3をふって10分おき、水けをふいて大きめのひと口大に切る）……大2枚（300g）
九条ねぎ（1cm幅の小口切り）……5本
しょうが（せん切り）……1かけ
A［酒……大さじ1
　みりん……大さじ2
ナンプラー……大さじ1
バター……小さじ1
ごま油……大さじ1

1、フライパンにごま油、しょうがを入れて中火にかけ、香りが出たら片栗粉大さじ2（分量外）をまぶしたさわらを加え、こんがり炒める。

2、Aを加え、ふたをして弱火で5分蒸し焼きにし、ナンプラー、バターを加えて煮立たせながらからめ、ねぎを加えてひと混ぜする。
＊白いごはんにかける

たらとじゃがいものパセリ炒め

たらは多めに塩をふって水けをふき、くさみをしっかりとって。レモン汁とパセリは、火を止めてから加えるのがポイントで、全体にさっとからめて、さわやかな風味を立たせます。

材料（2人分）

生たらの切り身（塩小さじ$\frac{1}{3}$をふって10分おき、水けをふいて3等分に切る）…… 大2枚（300g）
じゃがいも（皮をむいて7〜8㎜幅の半月切りにし、水にさらす）…… 2個（300g）
にんにく（みじん切り）…… 1かけ
酒 …… 80mℓ
A［レモン汁 …… 大さじ1
　パセリ（みじん切り）…… 大さじ2
塩、黒こしょう …… 各少々
オリーブ油 …… 大さじ1

1、フライパンにオリーブ油、にんにくを入れて中火にかけ、香りが出たら小麦粉大さじ2（分量外）をまぶしたたらを加え、こんがり炒める。

2、じゃがいもを加えてさっと炒め、酒を加えてふたをして弱火で8分蒸し焼きにし、塩をふって火を止めてAを混ぜる。器に盛り、黒こしょうをふる。

＊玄米ごはんにかける

シーフードなど

さつまいもとバジルのみそ汁

さつまいもの甘みたっぷりのみそ汁に、ふわりと香るバジル。新鮮な味わいです。

材料（2人分）

さつまいも（皮ごと1cm幅の半月切りにし、水にさらす）── 小1本（150g）
バジルの葉（ちぎる）── 4～5枚
だし汁 ── 2カップ
みそ ── 大さじ2

鍋にだし汁、さつまいもを入れて中火にかけ、煮立ったら弱めの中火で6分煮、みそを溶く。器に盛り、バジルをのせる。

えびとズッキーニのくるみ炒め

えびは短い時間で蒸し焼きにし、やわらかく仕上げるのがコツ。アクセントのくるみは、アーモンドやカシューナッツにしても。

材料（2人分）

殻つきえび（ブラックタイガーなど・殻をむいて背ワタを除き、片栗粉大さじ2でもんで洗う）── 12尾（360g）
ズッキーニ（1cm幅の半月切り）── 1本
にんにく（つぶす）── 1かけ
白ワイン ── 大さじ2
A ｜塩 ── 小さじ1/4
　｜しょうゆ ── 小さじ2
　｜くるみ（無塩でローストしたもの・粗く刻む）── 8粒
オリーブ油 ── 大さじ1
黒こしょう ── 少々

1、フライパンにオリーブ油、にんにくを入れて中火にかけ、香りが出たらズッキーニを加えてこんがり炒める。

2、えびを加えて色が変わるまで炒め、白ワインを加えてふたをして弱火で3分蒸し焼きにし、Aを加えてさっと炒める。器に盛り、黒こしょうをふる。

＊白いごはんにかける

いかとセロリのナンプラー炒め

好相性のいかとセロリに、ナンプラーのうまみと塩けを加えて。
いかは、するめいかや紋甲いかなど肉厚のものがおすすめです。

材料（2人分）

いか（するめいかなど）…… 2はい（400g）
セロリ（筋を除き、斜め薄切り）…… 2/3本
セロリの葉（粗みじん切り）…… 4枚
しょうが（せん切り）…… 1かけ
A［酒 …… 大さじ2
　ナンプラー …… 大さじ1
オリーブ油 …… 大さじ1
黒こしょう …… 少々

1、いかは足を引き抜いてワタ、軟骨を除き、胴は皮をむいて開き、斜め格子状の切り込みを入れ、縦半分に切って1.5㎝幅に切る（足は他の料理に使って）。

2、フライパンにオリーブ油、しょうがを入れて中火にかけ、香りが出たら**1**、セロリ、セロリの葉を加えてさっと炒める。Aを加えてセロリがしんなりするまで炒め、器に盛って黒こしょうをふる。
＊雑穀入りごはん（白米1合に雑穀ミックス大さじ1、水大さじ1を足して炊いたもの）にかける

モロヘイヤのチキンスープ

モロヘイヤのとろみで、のどごしよく。
刻んだトマトを加えても合います。

材料（2人分）

モロヘイヤ（酒大さじ1を加えた熱湯で1分30秒ゆで、粗みじん切り）…… 1袋
A［鶏ガラスープの素 …… 小さじ2
　水 …… 2カップ
　酒 …… 大さじ1
しょうゆ …… 小さじ1
すだち …… 薄切り4枚

鍋にAを入れて中火にかけ、煮立ったらモロヘイヤ、しょうゆを加えてひと煮立ちさせる。器に盛り、すだちをのせる。

たことかぶの塩昆布炒め

ゆでだこは水洗いしてぬめりをとると、ぐっとおいしくなります。かぶは厚めに切って食べごたえを出し、塩昆布のうまみをからめて。たこは最後に加えてさっと火を通し、やわらかく仕上げます。

材料（2人分）

ゆでだこの足（よく洗って水けをふき、薄切り）
……2本（200g）

かぶ（皮ごと2cm幅のくし形切り）……2個

かぶの葉（小口切り）……2個分

しょうが（せん切り）……1かけ

A［塩昆布（粗く刻む）、酒……各大さじ2
　 みりん……大さじ1

ごま油……大さじ1

1、 フライパンにごま油、しょうがを入れて中火にかけ、香りが出たらかぶ、かぶの葉を加え、少し透き通るまで炒める。

2、 Aを加えて汁けがなくなるまで炒め、たこを加えてさっと炒める。

＊白いごはんにかける

たこと枝豆のタバスコ炒め

タバスコは最後に加えることで、辛みと酸味をしっかりきかせます。枝豆のコリッとした歯ごたえが、絶妙なアクセントに。種を除いて小さい角切りにしたきゅうりで作っても合います。

材料（2人分）

ゆでだこの足（よく洗って水けをふき、乱切り）
…… 2本（200g）
枝豆（塩ゆでし、さやから出して）…… $\frac{1}{2}$カップ（80g）
玉ねぎ（1.5㎝角に切る）…… $\frac{1}{2}$個
にんにく（みじん切り）…… 1かけ
A［酒 …… 大さじ2
　塩 …… 小さじ$\frac{1}{4}$
　しょうゆ …… 小さじ2
　タバスコ …… 小さじ1
オリーブ油 …… 大さじ1

1、 フライパンにオリーブ油、にんにくを入れて中火にかけ、香りが出たら枝豆、玉ねぎを加え、玉ねぎが透き通るまで炒める。

2、 たこ、Aを加え、さっと炒める。
＊白いごはんにかける

ほたてと青梗菜（チンゲンサイ）の辛みそ炒め

コチュジャンだれはとろみをつけ、ほたてに十分にからめて。
青梗菜は茎を先、葉は最後に炒めて、食感よく仕上げます。

材料（2人分）

ほたて貝柱（斜め格子状の切り込みを入れる）……小16個
青梗菜（茎はそぎ切り、葉はざく切り）……2株
にんにく（つぶす）……1かけ
A［しょうゆ……大さじ1
酒……大さじ2
コチュジャン、片栗粉……各小さじ1
ごま油……大さじ1

1、 フライパンにごま油、にんにくを入れて中火にかけ、香りが出たらほたてを加えてこんがり炒める。

2、 青梗菜の茎を加えて透き通るまで炒め、混ぜたAを加えて煮立たせながらからめ、青梗菜の葉を加えてさっと炒める。

＊雑穀入りごはん（白米1合に雑穀ミックス大さじ1、水大さじ1を足して炊いたもの）にかける

焼きしいたけのみそマヨあえ

しいたけは、焼いたら手で大きくさいて。
これでみそマヨがしっかりからみます。

材料（2人分）

生しいたけ（石づきをとる）……8個
酒……小さじ2
A［みそ、マヨネーズ……各大さじ1
酢……小さじ1
白いりごま……適量

しいたけは酒をふり、魚焼きグリル（またはオーブントースター）の中火でこんがり8分焼き、粗熱がとれたら手でさく。混ぜたAを加えてあえ、器に盛っていりごまをふる。

あさりとプチトマトのポルトガル炒め風

あさりのうまみが凝縮された汁がとにかくおいしいので、スープごはんのようにして、ごはんにたっぷりかけてどうぞ。好みで豚肉を加えると、本格的なポルトガル炒めになります。

材料（2人分）

あさり（砂出ししたもの）……1パック（250g）
プチトマト（黄）……12個
玉ねぎ（薄切り）……$\frac{1}{2}$個
にんにく（薄切り）……1かけ
白ワイン……80mℓ
塩、黒こしょう……各少々
オリーブ油……大さじ1
イタリアンパセリ（粗みじん切り）……適量

1、 フライパンにオリーブ油、にんにくを入れて中火にかけ、香りが出たら玉ねぎを加えてさっと炒める。

2、 あさり、プチトマト、白ワインを加え、ふたをして弱めの中火で5分蒸し焼きにし、塩をふる。器に盛ってイタリアンパセリ、黒こしょうをふる。

＊白いごはんにかける

しらすと卵の青のり炒め

しらすのうまみ、青のりの磯の香りが詰まった、和風卵とじ。長ねぎをまずこんがり炒めて、香ばしさを出すのが肝心です。青のりと相性のいい紅しょうがが、ピリリと全体を引きしめます。

材料（2人分）

しらす …… 大さじ4
卵 …… 2個
A ［青のり、酒 …… 各小さじ2
　 塩 …… 小さじ1/4
長ねぎ（斜め薄切り）…… 1/2本
ごま油 …… 大さじ2
紅しょうが …… 適量

1、 ボウルに卵を溶きほぐし、A、しらすを加えて混ぜる。

2、 フライパンにごま油を熱し、長ねぎを中火でこんがり炒め、**1**を加えて大きく混ぜながら、8割火が通るまで（表面がまだとろっとするくらい）炒める。器に盛り、紅しょうがをのせる。

＊玄米ごはんにかける

じゃこと小松菜の焼きのり炒め

調味料を加えたら、汁けがなくなるまでじっくり炒め、じゃこにしっかり味を入れるのがおいしく作るコツです。このまま常備菜にしてもいいくらい、ごはんがすすむひと皿です。

材料（2人分）

ちりめんじゃこ …… 大さじ4
小松菜（2㎝幅に切る）…… 3株
しょうが（みじん切り）…… 1かけ
A［酒、みりん、しょうゆ …… 各大さじ1
　 酢 …… 大さじ½
白いりごま …… 大さじ½
ごま油 …… 大さじ1
刻みのり …… 2つまみ

1、フライパンにごま油、しょうがを入れて中火にかけ、香りが出たらちりめんじゃこを加えてさっと炒める。

2、Aを加えて汁けがなくなるまで炒め、小松菜を加えてさっと炒め、いりごまをふる。器に盛り、刻みのりをのせる。

*玄米ごはんにかける

卵炒め

スクランブルエッグ風、卵とじ、ゆで卵にして炒めたり…。
卵は火の通し方によって、いろんな味わいが楽しめます。
スクランブルエッグ風にするなら、卵を流したら大きく混ぜ、
半熟状に炒めていったん取り出すと、ふんわりとおいしく。
ゆで卵は小さく刻みすぎないで、食感と色合いを生かします。
ほかの具材にしっかり味をつけてから炒め合わせると、
ごはんにかけておいしい、ボリュームおかずになります。

ふんわり卵とえび炒め

炒めた卵は取り出し、最後に戻して、
ふんわりした食感を残しましょう。
ピリ辛味のケチャップをかけてどうぞ。

材料（2人分）

卵 …… 2個
殻つきえび（ブラックタイガーなど・殻をむいて尾と背ワタを除き、片栗粉大さじ2でもんで洗い、1cm幅に切る）…… 8尾（240g）
長ねぎ（みじん切り）…… 1/3本
しょうが（みじん切り）…… 1かけ
A［紹興酒（または酒）…… 大さじ1
　 塩 …… 小さじ1/3
ごま油 …… 大さじ2
B［ケチャップ …… 大さじ2
　 豆板醤 …… 小さじ1/2*
*七味唐辛子やタバスコでもいい

1、 フライパンにごま油を熱し、溶いた卵を流して中火で混ぜながらふんわり火を通し、取り出す。

2、 続けて長ねぎ、しょうがを入れて中火にかけ、香りが出たらえびを加えて色が変わるまで炒め、Aを加えて煮立たせ、**1**を加えてさっと混ぜる。器に盛り、混ぜたBをかける。
*白いごはんにかける

セロリとちくわの塩スープ

ちくわのうまみが広がるあっさりスープ。
セロリの香りが味の決めてです。

材料（2人分）

セロリ（筋を除き、小口切り）…… 1/3本
セロリの葉（粗みじん切り）…… 3枚
ちくわ（縦半分に切り、5mm幅に切る）…… 2本
A［だし汁 …… 2カップ
　 酒 …… 大さじ1
塩 …… 小さじ1/4
黒こしょう …… 少々

鍋にA、セロリ、ちくわを入れて中火にかけ、煮立ったらアクをとって弱火で2分煮、塩、セロリの葉を加える。器に盛り、黒こしょうをふる。

卵と豚バラの塩麹炒め

塩麹に黒酢を合わせて、まろやかでコクのある味にまとめました。卵は底の部分が固まったら具材と合わせ、ボリューム感を出します。

材料（2人分）

卵 …… 2個
豚バラ薄切り肉（1cm幅に切る）…… 7枚（200g）
長ねぎ（斜め薄切り）…… $\frac{1}{2}$本
しょうが（せん切り）…… 1かけ
A［酒、塩麹、黒酢 …… 各大さじ1
ごま油 …… 大さじ1

1、 フライパンにごま油、しょうがを入れて中火にかけ、香りが出たら豚肉、長ねぎを加えてこんがり炒め、出てきた脂はペーパーでふく。

2、 Aを加えて煮立たせながらからめ、脇に溶いた卵を流して半熟状に火を通し、全体に炒め合わせる。

＊黒米入りごはん（米1合に黒米大さじ2、水大さじ2を足して炊いたもの）にかける

塩麹は米麹と塩を発酵させた、日本の伝統的な調味料。塩のかわりに炒めものに入れると、うまみとコクが増し、酵素の力で肉などがやわらかくなる効果も。

ゆで卵と玉ねぎのにんにくパセリ炒め

仕上げにふったクミンのスパイシーな香りが、食欲をそそります。肉なしで軽く仕上げましたが、豚ひきや牛ひき肉を入れても美味。

材料（2人分）

固ゆで卵（2cm角に切る）…… 2個＊
玉ねぎ（1cm角に切る）…… 1/2個
にんにく（みじん切り）…… 1かけ
パセリ（みじん切り）…… 大さじ2
白ワイン …… 大さじ2
塩 …… 小さじ1/2
オリーブ油 …… 大さじ1
クミンパウダー（またはカレー粉）…… 少々
＊室温に戻した卵を熱湯に入れ、12分ゆでる

1、 フライパンにオリーブ油、にんにくを入れて中火にかけ、香りが出たら玉ねぎを加えて透き通るまで炒める。

2、 白ワインを加えて煮立たせ、ゆで卵、パセリを加えてさっと炒め、塩をふる。器に盛り、クミンパウダーをふる。

＊雑穀入りごはん（白米1合に雑穀ミックス大さじ1、水大さじ1を足して炊いたもの）にかける

豆腐・油揚げ・厚揚げ炒め

豆腐などの大豆製品は、うまみはあるけれど味が淡泊なので、ごはんにかける場合は、調味料をしっかりからめるのが大事。油揚げや厚揚げは、油で焼きつけてカリッと香ばしく。豆腐はしっかり水きりすると、ふんわりと弾力が出て、うまみが濃厚になって、味のからみもぐっとよくなります。他の具材と大きさをそろえて切るようにすれば、一緒に口に運べて、おいしさも倍増しますよ。

高野豆腐と豚肉の梅あんかけ

だしが香るあんに梅干しを合わせて、さっぱりとしたあと味に。木綿豆腐や厚揚げで作ってもおいしいです。

材料（2人分）

高野豆腐（ぬるま湯につけて戻し、水けを絞って1.5cm角に切る）…… 2個（約35g）
豚ロース薄切り肉（しゃぶしゃぶ用）…… 120g
しょうが（せん切り）…… 1かけ
梅干し …… 2個
A［だし汁 …… 1/2カップ
　 酒 …… 大さじ1
B［片栗粉 …… 小さじ2
　 水 …… 大さじ1
ごま油 …… 大さじ1
万能ねぎ（斜め薄切り）…… 適量

1、 フライパンにごま油、しょうがを入れて中火にかけ、香りが出たら豚肉を加えてさっと炒める。

2、 Aを加えて煮立ったらアクをとり、高野豆腐、梅干し（くずして種ごと）を加えてふたをして弱めの中火で5分煮、混ぜたBでとろみをつける。ごま油少々（分量外）をふり、器に盛って万能ねぎを散らす。

＊雑穀入りごはん（白米1合に雑穀ミックス大さじ1、水大さじ1を足して炊いたもの）にかける

なすの赤だし

なすはごま油で炒め、コクを加えて。赤みそは煮立たせるとうまみが出ます。

材料（2人分）

なす（1cm幅の輪切りにし、水にさらす）…… 2本
A［だし汁 …… 2カップ
　 酒 …… 大さじ1
赤だしみそ …… 大さじ2
ごま油 …… 小さじ2
長ねぎ（5cm長さのせん切り）…… 適量

鍋にごま油を熱し、なすを中火でしんなり炒め、Aを加えて煮立ったらアクをとり、みそを溶く。煮立ったら弱火で3分煮、器に盛って長ねぎをのせる。

豆腐とさば缶のチャンプルー

さば缶はごま油でこんがり焼き目をつけ、香ばしさを加えて。豆腐は電子レンジで加熱してしっかり水きりし、大きめにちぎって入れると、味がよくからみます。

材料（2人分）

木綿豆腐（キッチンペーパー2枚で包み、電子レンジで2分30秒加熱し、軽く重しをのせて30分水きりする）……1丁（300g）
さばみそ煮缶（汁けを軽くきる）……1缶（180g）
みつば（ざく切り）……1束
しょうが（すりおろす）……1かけ
酒……大さじ2
ごま油……大さじ1
白いりごま……適量

1、 フライパンにごま油、しょうがを入れて中火にかけ、香りが出たらさば缶を加え、皮目をこんがり焼く。

2、 酒を加えて煮立たせ、豆腐を大きめにちぎって加えてさっと炒め、火を止めてみつばを混ぜる。器に盛り、いりごまをふる。

＊黒米入りごはん（米1合に黒米大さじ2、水大さじ2を足して炊いたもの）にかける

油揚げといぶりがっこのしょうゆ炒め

いぶりがっこのうまみと歯ごたえのよさで、ごはんがすすみます。もちろん、普通のたくあんで作ってもおいしい。油揚げは肉厚なものを選び、大きめに切ると食べごたえが出ます。

材料（2人分）

油揚げ（大きめの三角形に切る）…… 1枚
いぶりがっこ（またはたくあん・3㎜幅の半月切り）…… 8㎝（60g）
万能ねぎ（2㎝幅の斜め切り）…… 4本
A 酒 …… 大さじ1
　しょうゆ …… 小さじ2
ごま油 …… 大さじ1
七味唐辛子 …… 少々

1、 フライパンにごま油を熱し、油揚げ、いぶりがっこを中火でこんがり炒める。

2、 Aをからめ、万能ねぎを加えてさっと炒め、器に盛って七味をふる。

＊雑穀入りごはん（白米1合に雑穀ミックス大さじ1、水大さじ1を足して炊いたもの）にかける

厚揚げと豚肉の甘酢炒め

豚肉は小さめに切って、厚揚げと一緒に口に入るように。豚肉にまぶす片栗粉のおかげで、軽くとろみがついて、コクのある厚揚げに甘酢だれがしっかりからんで美味です。

材料（2人分）

厚揚げ（縦半分に切り、1cm幅に切る）…… 1枚（200g）
豚ロース薄切り肉（1cm幅に切る）…… 7枚（200g）
玉ねぎ（薄切り）…… 1/2個
しょうが（せん切り）…… 1かけ
A［酒、みりん、酢、しょうゆ …… 各大さじ1
ごま油 …… 大さじ1

1、 フライパンにごま油、しょうがを入れて中火にかけ、香りが出たら厚揚げ、片栗粉大さじ2（分量外）をまぶした豚肉、玉ねぎを加え、肉の色が変わって玉ねぎが透き通るまで炒める。

2、 Aを加え、さっとからめる。
＊白いごはんにかける

厚揚げとオクラのしょうがみそ炒め

オクラはさっと炒めて、食感を残すのがポイント。
みその風味とピリッとしたしょうがの香りで、
ごはんがもりもり食べられます。

材料（2人分）

厚揚げ（1.5㎝角に切る）…… 1枚（200g）
オクラ …… 5本
長ねぎ（1㎝幅の小口切り）…… 1/3本
しょうが（すりおろす）…… 1かけ
A［ みそ、酒、みりん …… 各大さじ1
ごま油 …… 大さじ1

1、 オクラはガクをくるりとむいて塩少々（分量外）をまぶし、まな板の上で転がしてうぶ毛をとり、水で洗って5㎜幅の小口切りにする。

2、 フライパンにごま油、しょうがを入れて中火にかけ、香りが出たら厚揚げ、長ねぎを加えてこんがり炒める。混ぜたAをからめ、**1**を加えてさっと炒める。

＊白いごはんにかける

にんじんとしらすのレモンマリネ

にんじんには、ワインの香りをプラス。
しらすのほどよい塩けがきいています。

材料（2人分）

［ にんじん（せん切り）…… 1/2本
　白ワイン …… 小さじ1
　塩 …… 少々
しらす …… 大さじ2
A［ レモン汁、オリーブ油 …… 各大さじ1
黒こしょう …… 少々

にんじんは耐熱ボウルに入れて白ワインをふり、ラップをかけて電子レンジで1分30秒加熱し、熱いうちに塩を混ぜる。粗熱がとれたらしらす、Aを加えてあえ、器に盛って黒こしょうをふる。

缶詰・練りもの・乾物炒め

便利なストック食材も、炒めものにすると新鮮な味わいに。缶詰は、油で炒めてからほかの具材と合わせることで、特有のにおいが消え、コクが出て数段おいしくなります。ちくわなどの練りものは、切り方で大きさや形を変えると、食感や味のからみ具合が違ってきて楽しい。切り干し大根やひじきは、相性のいい肉と一緒に炒めて。しっかりメインのおかずになって、たっぷり食べられます。

ツナとクレソンのレモンしょうゆ炒め

すべて生で食べられる食材なので、火を通すのはごくさっと。さっぱりしたレモンしょうゆ味がごはんに合います。

材料（2人分）

ツナ缶（汁けをきる）── 小2缶（140g）
クレソン（ざく切り）── 1束
紫玉ねぎ（薄切り）── ½個
酒 ── 大さじ1
A［レモン汁、しょうゆ ── 各大さじ1
　 塩 ── 少々
ごま油 ── 大さじ1
黒こしょう ── 少々

1、フライパンにごま油を熱し、ツナを中火でさっと炒め、紫玉ねぎ、酒を加えてさっと炒める。

2、Aをからめ、火を止めてクレソンを混ぜる。器に盛り、黒こしょうをふる。
＊黒米入りごはん（米1合に黒米大さじ2、水大さじ2を足して炊いたもの）にかける

豆腐のチキンレモンスープ

レモンが香る、さわやかなスープ。豆腐はスプーンですくって加えても。

材料（2人分）

絹ごし豆腐（1cm角に切る）── ½丁（150g）
長ねぎ（5mm幅の小口切り）── ¼本
A［鶏ガラスープの素 ── 小さじ2
　 水 ── 2カップ
　 白ワイン ── 大さじ1
B［塩 ── 小さじ⅓
　 レモン汁 ── 大さじ1
レモン（ワックス不使用のもの）── 薄切り2枚
黒こしょう、オリーブ油 ── 各少々

鍋にAを入れて中火にかけ、煮立ったら豆腐、長ねぎを加えてひと煮立ちさせ、Bを加える。器に盛ってレモンをのせ、黒こしょう、オリーブ油をかける。

スパムととうもろこしのこしょう炒め

スパムはしっかり炒めると、こんがりとした焼き目が格別なおいしさ。とうもろこしの甘みを、多めの黒こしょうでピリッと引きしめます。缶詰のコーンを使う場合は、汁けをしっかりきりましょう。

材料（2人分）

スパム（2㎝角に切る）…… 1缶（180g）
とうもろこし（実をそぎとる）…… 2本*
にんにく（つぶす）…… 1かけ
A［酒、みりん …… 各大さじ1
　しょうゆ …… 小さじ1
ごま油 …… 大さじ1
黒こしょう …… 適量
*缶詰や冷凍のホールコーン1 1/2カップ（250g）でもいい

1、フライパンにごま油、にんにくを入れて中火にかけ、香りが出たらスパム、とうもろこしを加えてこんがり炒める。

2、Aを加えて煮立たせながらからめ、器に盛って黒こしょうをたっぷりふる。
*白いごはんにかける

ほたて缶とかまぼこのゆずこしょうあんかけ

ほたて缶は汁ごと加えて、うまみたっぷりのあんにします。ピリッとアクセントになるゆずこしょうは、塩けをみて加減したり、辛いのが苦手なら入れなくても。ちくわで作るのもおすすめです。

材料（2人分）

ほたて水煮缶……1缶（170g）
かまぼこ（3㎜幅に切る）……$\frac{1}{2}$本（80g）
長ねぎ（斜め薄切り）……$\frac{1}{2}$本
酒……大さじ1
ゆずこしょう……小さじ$\frac{2}{3}$
A［片栗粉……小さじ2
　 水……大さじ1
ごま油……大さじ1
白いりごま……適量

1、 フライパンにごま油を熱し、かまぼこ、長ねぎを中火でこんがり炒める。

2、 酒、ほたて缶（汁ごと）を加え、煮立ったらアクをとり、ゆずこしょうを溶き、混ぜたAでとろみをつける。ごま油少々（分量外）をふり、器に盛っていりごまをふる。

＊黒米入りごはん（米1合に黒米大さじ2、水大さじ2を足して炊いたもの）にかける

鮭フレークとちくわのわさび炒め

ちくわは薄めに切り、鮭フレークとよくなじむようにして。
わさびは火を入れると辛みがとぶので、手早くからめます。

材料（2人分）

鮭フレーク（びん詰）…… 大さじ5（80g）
ちくわ（1cm幅の斜め切り）…… 4本
A［酒、みりん …… 各大さじ1
　おろしわさび …… 小さじ2/3
　塩 …… 小さじ1/3］
ごま油 …… 大さじ1
みつば（ざく切り）…… 適量

1、フライパンにごま油を熱し、ちくわを中火でこんがり炒め、鮭フレークを加えてさっと炒める。

2、混ぜたAをからめ、火を止めてみつばを混ぜる。

＊雑穀入りごはん（白米1合に雑穀ミックス大さじ1、水大さじ1を足して炊いたもの）にかける

長いもと青じそのナムル

長いもはたたいて、味のからみをよく。
にんにくはつぶし、香りづけにします。

材料（2人分）

長いも（皮をむいてビニール袋に入れ、すりこ木でひと口大に割る）…… 8cm（150g）
青じそ（せん切り）…… 4枚
A［黒酢、黒いりごま …… 各大さじ1
　塩 …… 小さじ1/3
　にんにく（つぶす）…… 1かけ］
ごま油 …… 大さじ1

ボウルに長いも、Aを入れてあえ、青じそ、ごま油を加えてさっと混ぜる。

ちくわとなすのテンメンジャン炒め

なすと長ねぎは先にくったりするまで炒め、コクを出すのが大事。
テンメンジャンのこっくりとした甘辛いたれに、
すりおろしたにんにくを加えて、パンチをきかせます。

材料（2人分）

ちくわ（縦半分に切り、長さを3等分に切る）……3本
なす（縦6等分に切り、長さを半分に切る）……3本
長ねぎ（斜め薄切り）……$\frac{1}{3}$本
A［テンメンジャン、紹興酒（または酒）……各大さじ1
　しょうゆ……小さじ2
　にんにく（すりおろす）……1かけ
ごま油……大さじ2

1、 フライパンにごま油を熱し、なす、長ねぎを中火でしんなりするまで炒める。

2、 ちくわを加えてさっと炒め、混ぜたAを加えて煮立たせながらからめる。
＊白いごはんにかける

切り干し大根と豚肉の豆板醤炒め

切り干し大根は戻しすぎないで、
シャキシャキ食感を残して。
豆板醤のかわりに、キムチで炒めても。

材料（2人分）

切り干し大根（乾燥・水につけて戻し、
　水けを絞って2cm幅に切る）…… 30g
豚ロース薄切り肉（1cm幅に切る）…… 5枚（150g）
にんにく（せん切り）…… 1かけ
A［酒、みりん、しょうゆ …… 各大さじ1
　 豆板醤 …… 小さじ⅔
ごま油 …… 大さじ1
すだち（縦4等分に切る）…… 適量

1、フライパンにごま油、にんにくを入れて中火にかけ、香りが出たら豚肉を加えてこんがり炒める。

2、切り干し大根を加えてなじむまで炒め、混ぜたAを加え、煮立たせながらからめる。器に盛り、すだちを添える。

＊雑穀入りごはん（白米1合に雑穀ミックス大さじ1、水大さじ1を足して炊いたもの）にかける

ザーサイと小えびの豆乳スープ

豆乳と黒酢を煮立たせ、おぼろ豆腐風に。
豆乳は成分無調整、調整のどちらでも。

材料（2人分）

A［味つきザーサイ（びん詰・粗く刻む）
　 …… $\frac{1}{2}$びん弱（40g）
　 小えび …… 大さじ2
　 紹興酒（または酒）…… 大さじ1
B［豆乳 …… $1\frac{1}{4}$カップ
　 ナンプラー、黒酢 …… 各小さじ2
香菜（シャンツァイ）（ざく切り）…… 適量

鍋にA、水$\frac{3}{4}$カップを入れて中火にかけ、煮立ったらBを加え、弱火でひと煮立ちさせる。器に盛り、香菜をのせる。

小えびは、干して乾燥させたアキアミ（えび）のこと。そのまま加えるだけでだしがとれ、うまみが強く、厚揚げや葉野菜と炒めても。

ひじきとひき肉の練りごま炒め

濃厚な練りごまのコクで、ひじきのくせがやわらぎます。いんげん、ピーマン、ししとうでボリュームを足しても。

材料（2人分）

芽ひじき（乾燥・水に10分つけて戻す）
…… 大さじ3
豚ひき肉 …… 200g
万能ねぎ（1㎝幅の斜め切り）…… 4本
しょうが（せん切り）…… 1かけ
A ┌ 白練りごま …… 大さじ2
  └ 酒、みりん …… 各大さじ1
しょうゆ …… 大さじ1
ごま油 …… 大さじ1

1、フライパンにごま油、しょうがを入れて中火にかけ、香りが出たらひじき、ひき肉を加え、肉の色が変わるまで炒める。

2、混ぜたAをからめ、しょうゆを加えて混ぜ、万能ねぎを加えてさっと炒める。
＊白いごはんにかける

キャベツととろろ昆布のみそ汁

玉ねぎや長ねぎを加えても合います。とろろ昆布は、好みで増やしても美味。

材料（2人分）

キャベツ（せん切り）…… 2枚
だし汁 …… 2カップ
みそ …… 大さじ2
とろろ昆布 …… 2つまみ

鍋にだし汁、キャベツを入れて中火にかけ、煮立ったら弱火で2分煮、みそを溶く。器に盛り、とろろ昆布をのせる。

ワタナベ　マキ

1976年、神奈川県生まれ。夫、中学生の息子との3人暮らし。グラフィックデザイナーを経て、2005年から「サルビア給食室」を立ち上げ、料理家に。雑誌や書籍でのレシピ提案、イベントなどで幅広く活躍中。著書に『うちの台所道具』『らくつまみ100』『つまみサラダ100』『アジアのごはん』『アジアのサラダ』『アジアの麺』（すべて小社刊）など多数。2017年に不定期の保存食、お菓子、雑貨のお店『STOCK THE PANTRY』を東京・世田谷にオープン。

ごはんにかけておいしい。
材料2つで炒めもの

デザイン　野本奈保子（ノモグラム）
撮影　佐々木美果

取材　中山み登り
校閲　滄流社
編集　足立昭子

著　者　ワタナベマキ
編集人　小田真一
発行人　倉次辰男
発行所　株式会社 主婦と生活社
〒104-8357　東京都中央区京橋3-5-7
Tel.03-3563-5321（編集部）
Tel.03-3563-5121（販売部）
Tel.03-3563-5125（生産部）
https://www.shufu.co.jp
印刷所　凸版印刷株式会社
製本所　株式会社若林製本工場
ISBN978-4-391-15384-2